NHKためしてガッテン

食の知恵袋事典

アスコム
アスキー・コミュニケーションズ
はアスコムに社名変更しました。

はじめに

ガッテンの〝知恵〟が、事典形式に！
目からウロコの新常識が満載です。

ＮＨＫ科学・環境番組部チーフ・プロデューサー　**藤川大之**

食や健康など、暮らしの中の疑問を科学的に検証し、解決していくテレビ番組「ためしてガッテン」も、皆さまの多大なる支持のもと、２００５年の春で11年目を迎えました。

本書は、番組初の事典形式の本です。これまでの集大成として、番組で取り上げたテーマの中から、食にまつわるキーワードを選び出し、「ためしてガッテン」ならではの、今までの常識をくつがえすような目からウロコの新常識を簡潔にまとめました。

五十音順に掲載しているので、気になるキーワードを簡単に検索することができます。キーワードは、かつおや玉ねぎといった「食材」から、赤みそや塩などの「調味料」、えびフライや肉じゃがなどの「料理」にいたるまで、計74本を収録。どれも日々の食生活になじみ深いものばかりです。すぐに役立つ食の知恵をコンパクトなフレーズにして紹介、めくった次のページで詳しい解説をしているので、「えっ、そうだったの！」と驚きながらも、すぐに「ガッテン！」していただけることでしょう。

また、読みやすさを考慮し、オールカラーにしました。お子様からご年配の方にまで、幅広い世代の方々に楽しみながら読んでいただければと思います。

本書とともに、健康にまつわる目からウロコの新常識を簡潔にまとめた『健康の知恵袋事典』もあわせてご活用ください。この「知恵袋事典」2冊シリーズでご紹介する暮らしの知恵によって、皆さまの生活がより豊かなものになることを願っています。

本書の見方

本書には、NHK「ためしてガッテン」で取り上げたさまざまな「食」の知恵がたくさん紹介されています。使い方を覚えて、毎日の食生活をさらに充実させてください。

1ネタ

目からウロコの「食」の知恵がひと目でわかる!

左ページ

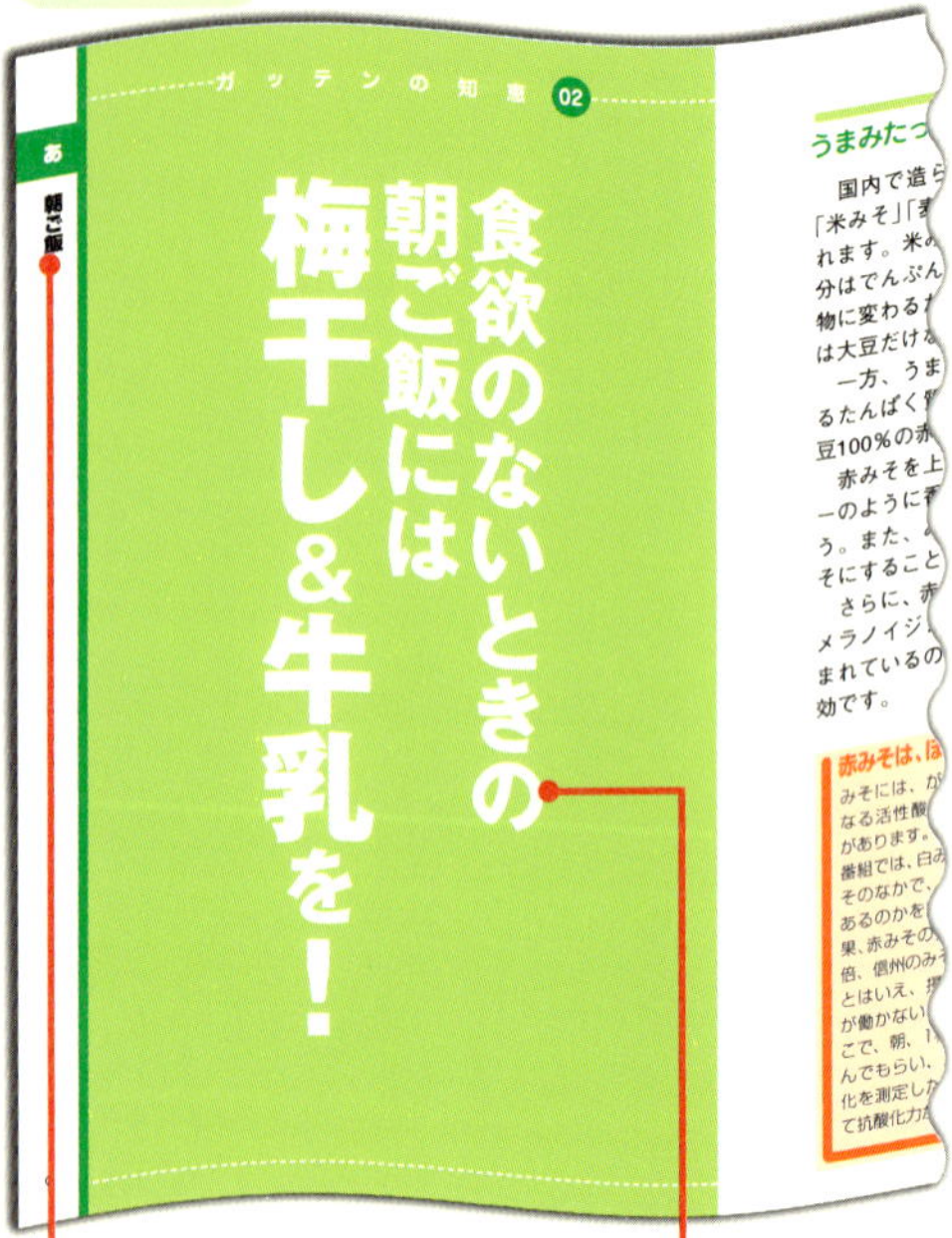
ガッテンの知恵 02
あ
朝ご飯
食欲のないときの
朝ご飯には
梅干し&牛乳を!

「食」に関するキーワード。50音順で紹介しているので、知りたいキーワードを辞書のように検索することができます。

普段食べている料理をもっとおいしくする裏ワザや、調味料を上手に使うコツ、食材の意外な活用法や隠されたおいしさなど、食生活に役立つ知恵を紹介。

ページをめくって、

前のページで紹介した
「食」の知恵の詳しい
情報が満載です！

右ページ

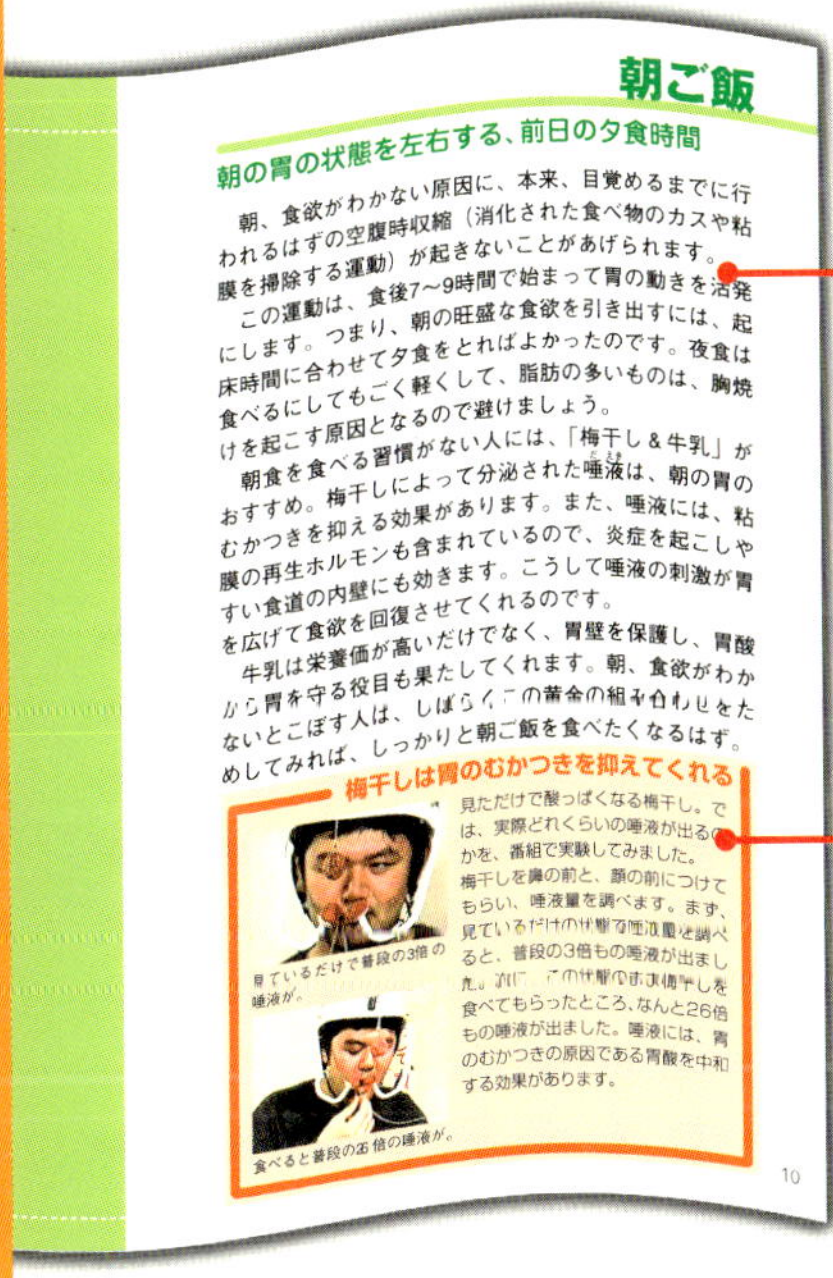

朝ご飯

朝の胃の状態を左右する、前日の夕食時間

朝、食欲がわかない原因に、本来、目覚めるまでに行われるはずの空腹時収縮（消化された食べ物のカスや粘膜を掃除する運動）が起きないことがあげられます。

この運動は、食後7～9時間で始まって胃の動きを活発にします。つまり、朝の旺盛な食欲を引き出すには、起床時間に合わせて夕食をとればよかったのです。夜食は食べるにしてもごく軽くして、脂肪の多いものは、胸焼けを起こす原因となるので避けましょう。

朝食を食べる習慣がない人には、「梅干し＆牛乳」がおすすめ。梅干しによって分泌された唾液《だえき》は、朝の胃のむかつきを抑える効果があります。また、唾液には、粘膜の再生ホルモンも含まれているので、炎症を起こしやすい食道の内壁にも効きます。こうして唾液の刺激が胃を広げて食欲を回復させてくれるのです。

牛乳は栄養価が高いだけでなく、胃壁を保護し、胃酸から胃を守る役目も果たしてくれます。朝、食欲がわかないとこぼす人は、しばらくこの黄金の組み合わせをためしてみれば、しっかりと朝ご飯を食べたくなるはず。

梅干しは胃のむかつきを抑えてくれる

見ているだけで普段の3倍の唾液が。

食べると普段の26倍の唾液が。

見ただけで酸っぱくなる梅干し。では、実際どれくらいの唾液が出るのかを、番組で実験してみました。
梅干しを鼻の前と、顔の前につけてもらい、唾液量を調べます。まず、見ているだけの状態で唾液量を調べると、普段の3倍もの唾液が出ました。次に、この状態のまま梅干しを食べてもらったところ、なんと26倍もの唾液が出ました。唾液には、胃のむかつきの原因である胃酸を中和する効果があります。

10

前ページの「食」の知恵を詳しく解説しています。

番組で放送された、各テーマに合ったさまざまな実験や調理のコツ、レシピなどを紹介しています。

ためしてガッテン

「食」や「健康」についての素朴なギモンや不思議に、科学的な実験とユニークな調査で合点がいくまで答えていく番組です。いつも作っていた料理が驚くほどおいしく変身したり、信じ切っていた健康法が、じつは誤解だらけだったりと、毎週目からウロコの連続！　あなたの生活がガラリと変わること間違いなしです。どうぞご覧ください。

司会●立川志の輔　小野文恵アナウンサー
放送時間●ＮＨＫ総合テレビ　毎週水曜日よる8:00〜8:45

「ためしてガッテン」ホームページ　http://www.nhk.or.jp/gatten/

本書には、
目からウロコの新常識を74本収録しています。
さあ、みなさんも
「ガッテン！　ガッテン！」
してくださいね。

ガッテンの知恵 01

赤みそは白みそや信州のみそよりカラダにいい

赤みそ

うまみたっぷりの赤みそを上手に使うための方法

国内で造られるみそは、麹《こうじ》の原料の違いによって、「米みそ」「麦みそ」「豆みそ（赤みそ）」の3種類に分けられます。米みそや麦みその麹の原料は米や麦。その主成分はでんぷんで、熟成することで糖分やアルコール生成物に変わるため、甘みや香りがありますが、赤みそは原料が大豆だけなので、甘みや香りはほとんどありません。

一方、うまみ成分のグルタミン酸は大豆の主成分であるたんぱく質が分解されてできるアミノ酸。つまり、大豆100％の赤みそは、うまみがたっぷりあるのです。

赤みそを上手に活用するには、みそ田楽やホイコーローのように香りよりうまみを生かす使い方がよいでしょう。また、みそ汁に使うなら米みそや麦みそと合わせみそにすることで、両者の持ち味が生かされます。

さらに、赤みそには、活性酸素を消去する抗酸化成分、メラノイジンが白みその10倍、信州のみその2倍多く含まれているので、老化や生活習慣病が気になる人にも有効です。

赤みそは、ほかのみそより活性酸素を抑えるパワーがある！

みそには、がんや動脈硬化の原因となる活性酸素を抑える「抗酸化力」があります。

番組では、白みそと信州のみそ、赤みそのなかで、どれが最も抗酸化力があるのかを調べてみました。その結果、赤みその抗酸化力は白みその10倍、信州のみその2倍もありました。

とはいえ、摂取したときに抗酸化力が働かないと意味がありません。そこで、朝、赤みそのみそ汁を1杯飲んでもらい、血液中の抗酸化力の変化を測定したところ、飲む前と比べて抗酸化力が2倍になりました。

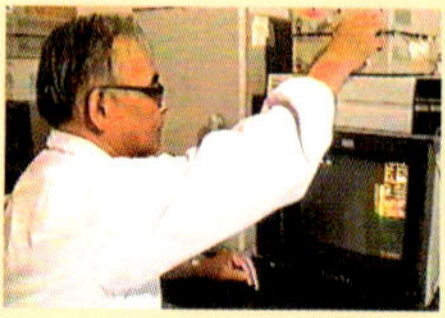

特殊な装置を使って抗酸化力を調べました。

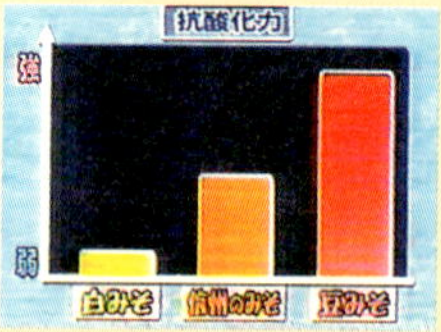

食欲のないときの朝ご飯には梅干し＆牛乳を！

朝ご飯

朝の胃の状態を左右する、前日の夕食時間

朝、食欲がわかない原因に、本来、目覚めるまでに行われるはずの空腹時収縮（消化された食べ物のカスや粘膜を掃除する運動）が起きないことがあげられます。

この運動は、食後7〜9時間で始まって胃の動きを活発にします。つまり、朝の旺盛な食欲を引き出すには、起床時間に合わせて夕食をとればよかったのです。夜食は食べるにしてもごく軽くして、脂肪の多いものは、胸焼けを起こす原因となるので避けましょう。

朝食を食べる習慣がない人には、「梅干し＆牛乳」がおすすめ。梅干しによって分泌された唾液《だえき》は、朝の胃のむかつきを抑える効果があります。また、唾液には、粘膜の再生ホルモンも含まれているので、炎症を起こしやすい食道の内壁にも効きます。こうして唾液の刺激が胃を広げて食欲を回復させてくれるのです。

牛乳は栄養価が高いだけでなく、胃壁を保護し、胃酸から胃を守る役目も果たしてくれます。朝、食欲がわかないとこぼす人は、しばらくこの黄金の組み合わせをためしてみれば、しっかりと朝ご飯を食べたくなるはず。

梅干しは胃のむかつきを抑えてくれる

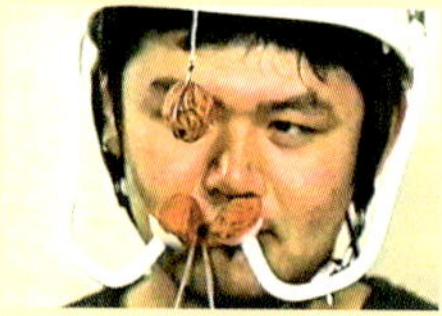

見ているだけで普段の3倍の唾液が。

食べると普段の26倍の唾液が。

見ただけで酸っぱくなる梅干し。では、実際どれくらいの唾液が出るのかを、番組で実験してみました。
梅干しを鼻の前と、顔の前につけてもらい、唾液量を調べます。まず、見ているだけの状態で唾液量を調べると、普段の3倍もの唾液が出ました。次に、この状態のまま梅干しを食べてもらったところ、なんと26倍もの唾液が出ました。唾液には、胃のむかつきの原因である胃酸を中和する効果があります。

ガッテンの知恵 03

浅漬けはサラダよりも栄養分が豊富

浅漬け

塩の浸透圧の働きで野菜の栄養分がギュッと凝縮

キャベツのサラダと浅漬け。同じキャベツでも、それぞれ100gの栄養量を比較した場合、サラダ（ドレッシング付き）を1とすると、浅漬けにしたキャベツは、総カロテン、ビタミンB1、C、総食物繊維が、1.1～1.5倍も多く含まれていました。なぜ、浅漬けにすると栄養が増えるのでしょう。

その秘密は浸透圧の働きにありました。塩分の働きによって水分が抜け出ることで、野菜の栄養が凝縮されるのです。また、浅漬けのほうが野菜がしんなりしているため、実際口にする量もサラダより多くなります。

ほかにも塩は、野菜のアクをとり、食べやすくしてくれますし、腐敗菌の増殖を抑え、日もちをよくする効果もあります。

ただ、100gあたりに含まれる塩分量は、サラダのドレッシングが0.5gに対して浅漬けは3gと、塩分を多く摂取することにもなりますので、食べすぎにはくれぐれも注意しましょう。

塩分控えめの浅漬けの作り方

塩分のとりすぎが心配な人は、以下に紹介する4つのコツを実践すれば、日もちもよく、塩分控えめの浅漬けを作ることができます。

1.漬ける前に軽く湯通しする
湯通しするだけで野菜の表面についた雑菌を殺すことができます。栄養分が失われないよう、湯からさっと上げましょう。

2.酢を加える
酢を入れすぎると野菜の風味が逃げてしまうので、入れすぎにご注意。

3.レモンを加える
レモンに含まれるクエン酸には、塩分控えめのときに加えると、塩味を増す効果があります。

4.水・空気を入れ替える
容器に入れて保存するときは、毎日水と空気を入れ替えるだけで日もちが違ってきます。もちろん、冷蔵庫で保管すること。

アロエの薬効成分は皮にしかない

アロエ

さまざまな健康効果が期待できるアロエの実力

胃の働きを活発にするアロインを始め、アロエの代表的な薬効成分のほとんどは、緑色の皮の部分（葉皮）に含まれています。皮ごとかじるなり、ミキサーにかけて内服すれば健胃・整腸作用、肝機能増進、外用なら抗菌・抗炎症・細胞活性効果が期待できます。

よく「良薬口に苦し」と言われますが、まさにアロエは、皮の苦みが優れた薬効成分となっているのです。

一方、私たちが慣れ親しんでいるアロエの中身の半透明な部分は99.5%が水分で、抗炎症作用や保湿作用をもつ成分が含まれていますが、その量はごくわずか。

ちなみに、古代エジプトでは、アロエの優れた殺菌効果を生かして、ミイラの保存にも使われていたほど、昔から重宝されてきました。また、意外かもしれませんが、お酒の悪酔い防止にも効果があります。

「医者いらず」「クスリサボテン」と呼ばれるアロエ。家庭に一鉢常備してはいかがでしょう。

本当にアロエは胃腸の薬になるの？

アロエは、昔から胃腸の薬になると言われていますが、はたして本当なのか、実験で確かめてみました。
夏バテで胃が弱った状態の女性に、アロエの中の半透明な部分の刺身を食べてもらい、胃をレントゲンで観察したところ、食べる前とさほど変化は見られませんでした。
そこで、アロエの皮つきの葉をただ刻んだだけのものを食べてもらったところ、その30秒後には、胃が活発に動き出しました。この結果からアロエの薬効は、緑色の皮の部分にあることがわかりました。

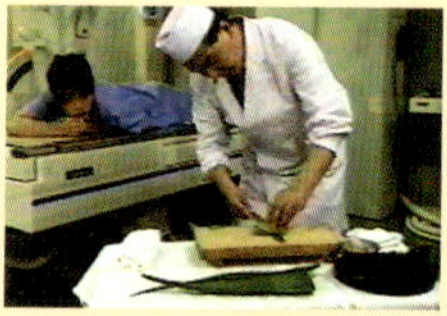

中の半透明な部分を食べても胃の動きに変化はありません。

皮の部分も食べたところ、胃は活発に動き出しました。

ガッテンの知恵 05

天ぷらにするならモンゴウイカ、刺身にするならスルメイカ

いか

焼きすぎず、煮すぎずもいかをおいしく味わうコツ

いかは一般に石灰質の殻、「甲」を浮きにして泳ぐいかをコウイカ類（モンゴウイカやコブシメなど）、体が筒形をした流線形のいかをツツイカ類（スルメイカやヤリイカなど）の2つのグループに分けられます。

コウイカは肉厚で身がやわらかく、揚げてもかたくなりにくいので、ジューシーな天ぷら向きです。調理のコツは、ひと口サイズのそぎ切りにして、170℃で1分間揚げること。

ツツイカは、筋肉質で身が薄く締まっているため、刺身にして程よい歯ごたえを楽しみましょう。ただし、筋肉繊維が残りすぎると歯に障るので、なるべく細く切るのがおいしく食べるコツです。

いかを焼く場合は、両面5、6分を目安にしてください。身がプリプリして、甘みもたっぷり感じられます。いかのもつうまみ成分は熱に弱いので、長い時間焼いてしまうとせっかくのおいしさが損なわれてしまいます。また、煮る場合でも煮すぎないよう弱火で30分を目安に。

捨てるところがないと言われるいかですが、この2種類の特徴を覚えて、上手に使い分けてみましょう。

不向きの料理でもこうすればおいしく食べられる！

●コウイカ類を刺身で食べるには？

飾り包丁を細かく入れれば、口の中でとろけるような食感を楽しむことができます。

●ツツイカ類を天ぷらで食べるには？

飾り包丁を入れ、衣を多めにつけましょう。揚げるときは180℃で30秒を目安に。“温度は高く、時間は短く”が鉄則です。

向かって右がコウイカ類、左がツツイカ類。

うどんのゆで湯は かき混ぜない、差し水をしない

うどん

うどんは「コシ」がなければおいしくない

うどんのおいしさを決める「コシ」は、めんに含まれる水分量が表面（外周部）約80％、中心部約50％のときに生まれます。ゆで方が難しいと言われる「乾めん・生めん」ですが、コシを失わずにおいしくゆでる方法があります。

1つ目の鉄則は、めんを入れたときの急激な温度低下を防ぐために、湯量をたっぷりにすること。

2つ目の鉄則は、めんを入れたらむやみにかき混ぜないこと。なぜかというと、めんの表面を傷つけてしまうと、ツルツルの食感が損なわれてしまうからです。

3つ目の鉄則は、“差し水”をしないこと。これも湯の温度低下を招くからです。こまめに火加減を調節して吹きこぼれを防ぎましょう。

この3つを守れば、家庭でもおいしくうどんをゆでることができます。

めんにしみ込んだ水分量の差がコシを生む

12分ゆでたコシのあるうどんと、6分しかゆでなかったかたいうどんの水分量を比較したところ、かたいうどんは真ん中に白い芯が残って水分量が少ないのに対し、コシのあるうどんの水分量は表面が80％近く、中心付近は50％を超えています。この水分の割合が噛《か》んだ瞬間のやわらかさと、モチモチ感を生み出しています。

コシのあるうどんとかたいうどんを薄く削り、水分量を比較。

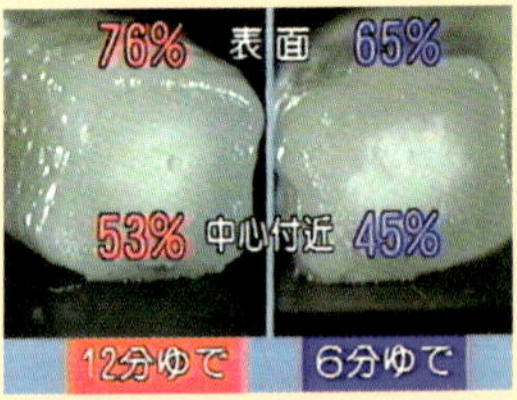

表面と中心付近の水分量とも、12分ゆでたコシのあるうどんのほうが10％程度多い。

食欲のないときや疲労を感じたときにはうなぎのビタミンB_1

うなぎ

疲れたときのうなぎは正解。でも食べすぎは禁物

夏になると店頭で目立つうなぎ。うなぎには、ビタミンA、B_1、血液をサラサラにするEPA（エイコサペンタエン酸）やDHA（ドコサヘキサエン酸）、さらに良質なたんぱく質も含まれていて、大変栄養バランスのよい食品です。たった30gの肝吸いを飲むだけでも十分に栄養がとれます。これだけでも夏バテ解消の食材であることを納得できますが、最大のパワーは、たっぷり含まれたビタミンB_1にあります。

ビタミンB_1は、体内で糖を燃やしてエネルギーに変えてくれます。疲労回復効果の高い栄養素ですが、夏場はどうしても不足しがち。そんな夏バテ時に、うなぎを100g食べるだけで1日に必要なビタミンB_1を補うことができ、食欲を取り戻すことができるのです。

うなぎは高カロリーなので毎日食べることはおすすめできませんが、あまり食欲がなかったり、極度の疲労を感じたときには、夏場に限らずうなぎの力を借りてみてはいかがでしょうか。

うなぎの蒲《かば》焼《や》きは、においだけで食欲をそそる？

お腹をすかせた３人に目隠しをしてもらった状態で、焼き鳥、さんまの塩焼き、とうもろこし、うなぎの蒲焼きのにおいをかいでもらい、どれが一番唾液《だえき》が多く出るのか実験してみました。
3人の10分間に出た唾液量の平均をとったところ、うなぎの蒲焼きがダントツ１位でした。うなぎの脂は、加熱によって分解されると、複雑で奥深いにおいを醸し出すため、食欲をそそられてしまうのです。

梅干しは塩抜きして加熱すると血液サラサラ効果がアップ

健康食品の梅干しを効果的に食べるコツ

梅干しには、胃がんの原因のひとつであるピロリ菌の活動を抑えたり、血液をサラサラにしたりする効果があります。ただし、梅干しによる塩分のとりすぎは、逆に胃がんの原因になってしまうので注意が必要です。

梅干しをいっぱい食べてもっと健康になりたいけど、食べすぎるとかえって危険……。このジレンマを解消してくれるのが、梅干しの「塩抜き」と「加熱」なのです。

「塩抜き」は、たっぷりの水につけるだけでOK。塩抜きした梅干しは、調味料代わりとしても使えるので、さまざまな料理に応用してみましょう。

一方、血液サラサラ効果の成分は水に溶け出しやすい性質がありますが、「加熱」によって補うことができます。熱を加えることで化学変化が起こり、サラサラ成分が血液中に届きやすくなるのです。

塩分とりすぎの心配もなく、胃がん抑制が期待でき、血液サラサラ効果も両立できてしまう解決策が「塩抜きして加熱」だったのです。

調味料として使える「梅びしお」の作り方

塩抜きした梅干しに砂糖を加えて煮詰めた梅びしお。塩やしょうゆ代わりとしていろいろな料理に応用できますので、ぜひご家庭で作ってみてください。

【材料】種を抜いた梅干し100g／砂糖30g／みりん少々

【作り方】

1. 梅干しをたっぷりの水につけ、水を2～3回替えながら塩抜きする。ぬるま湯で2～3時間、常温で半日を目安に。
2. 梅干しの種をとり、裏ごしし、土鍋やほうろう鍋などに移して加熱する。適宜、砂糖を加える。
3. 20分ほど加熱して、ねっとりしてきたらみりんを加えてできあがり。ピラフの味付けや、冷ややっこの薬味などにおすすめ。

枝豆は4%の塩水で3〜5分ゆでると絶品の味になる

枝豆

塩ゆでだってコツしだいで目からウロコの味になる

「畑のエメラルド」と呼ばれる枝豆は、ゆで湯の塩分濃度を4％（1リットルあたり40gの塩）にするだけで、今までとはまったく違う、甘くてプリプリの歯ごたえを味わうことができます。

ゆで湯の温度は、水に溶ける塩の量が多いほど上昇し、枝豆は温度が高くなるほど身がやわらかくなります。ただ、高濃度だと沸点が上昇する反面、浸透圧の働きによって枝豆の水分が失われて、身がかたくなってしまいます。つまり、その絶妙なバランスのとれた濃度が4％というわけ。

また、4％の濃度でゆでると、豆が吸収する塩分量が、ちょうど豆100gあたり1gになります。このわずかな塩は、すいかにふる塩やお汁粉につく塩昆布と同じように、枝豆の甘みを引き立ててくれるのです。1gを超えると、甘みより塩気がきつくなるので、あくまで塩分濃度4％が適当です。

ゆで時間は3〜5分がポイント。5分以上ゆでてしまうとうまみ成分のアミノ酸が流れ出てしまいます。また、塩をしみ込みやすくするために、あらかじめ、さやに傷を付ける「さや切り」と「塩もみ」をしてからゆでれば、さらにおいしくなりますよ。

枝豆を高価な茶豆にする裏ワザ

普通の枝豆を、値段が3倍もする茶豆に近づける方法がありました。その方法は、「緑茶」と一緒にゆでるだけというカンタンなもの。茶豆は香り高いことで有名ですが、その香気成分を調べてみると、ポップコーンやカラメル、キノコのような香りが強いことがわかりました。これらの香気成分は、緑茶に多く含まれているので、ティーバッグなどに入れた茶葉と一緒にゆでれば枝豆に香気成分が付着して、茶豆に近づけることができるのです。

ガッテンの知恵 10

えびのうまみと食感を堪能したければ殻つきのままゆでるべし！

えび

えび特有の筋肉のしくみを知ればうまみは逃げない

えびは、ほかの魚介類とは違い、筋肉の構造がしめ縄のような荒縄状になっています。筋肉は加熱されると収縮しやすいため、ゆでるとまるでぞうきんをしぼったときに水が出てくるように、うまみエキスが外へ逃げてしまうのです。

そこで、殻をつけたままゆでることで、筋肉が収縮してかたくなるのを防ぎ、プリプリした食感とうまみを残すことができます。

えびフライにするなら、殻をとる代わりに衣をたっぷりとつけて、170℃の高温で2分加熱（詳しくは28ページ参照）。えびチリにするなら、殻と同じ役割を果たす片栗粉をまぶして、加熱しすぎないようにしましょう。

殻つきでゆでないと、えびのうまみは逃げてしまう

20人に殻をつけたままゆでたえびと、むいてからゆでたえびを食べてもらい、どちらのほうがおいしいか選んでもらったところ、17人が殻つきのほうがおいしいと答えました。

そこで、それぞれのえびのゆでる前と後で重さがどれくらい変化するのか調べてみたところ、殻つきはわずか1g減っただけですが、殻なしは約4gも減っていました。えびのうまみは、殻がないと余計に逃げてしまうのです。

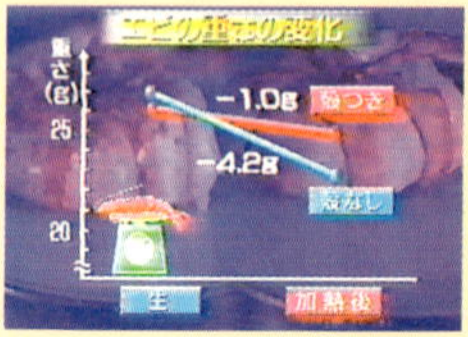

殻なしでゆでたえびは、殻つきの4倍も重さが減ってしまいました。

余ってしまった甘えびの刺身の活用法

甘えびの刺身は、業務用の冷凍庫でマイナス35℃くらいで凍らせれば大丈夫ですが、家庭用の冷凍庫の温度では、細胞が壊れて歯ごたえが悪くなり、味が落ちてしまいます。

そこで、凍らせるのではなく、酢とサラダ油に漬けてマリネなどにすると、翌日までおいしく食べられます。

お好みで、野菜などを加えれば、おいしいえびのサラダができるので、一度ためしてみてはいかがでしょう？

湿らせたパン粉をつけて揚げれば、えびフライはサクサクになる

えびフライ

霧吹きワザとたっぷりの揚げ油でサクサクに

サクサクのえびフライを作るポイントは、パン粉にありました。

衣を作る過程で、「乾燥パン粉に水をかける」と、サクサク感がアップします。乾燥パン粉60g（カップにおよそ2杯）に、25g程度の水を4〜5回に分けて、霧吹きでまんべんなく湿らせます。そのまま5分間おくと、乾いたパン粉が食パンのようなしっとりした感触になります。それをつけて170℃の高温で2分揚げれば、サクサクしたえびフライの完成です。

パン粉を湿らせると、どうしてサクサク感がアップするのでしょう。

それは、揚げ油に入れたとき、衣の水分が一気に蒸発して、パン粉内にできる小さな気泡がサクッとした口当たりを作るからです。コツは揚げ油をたっぷりと使うこと。少量の油だとフライを入れた際の温度が下がりやすく、衣の水分が十分に蒸発しないのです。また、パン粉は湿らせすぎると調理のときに油がはねて危険なので注意しましょう。ちなみに、生パン粉は水をかける必要はありません。

油の量が少ないと、油っぽいえびフライに……

乾燥パン粉を水で湿らせて5分おくだけで、サクサクのえびフライができることがわかったのですが、実験に協力してもらったある家族から、「油っぽくておいしくない」との声が……。

専門家の話によると、衣の中の水分が多いため、サクサクせずにベタつく感じがしてしまうとのことでした。この油っぽさの原因は、揚げる油の量を少なくしたから。フライを入れたときに温度が下がってしまい、水分の蒸発が妨げられて衣の中に水分が残ってしまったのです。

“揚げ油は多めに”を忘れずに。

おいしくない原因は、揚げ油の量にありました。

おでんは煮込まずに冷ます

おでん

煮込み時間よりも冷まし方が大事

冬になるとおでんが恋しくなりますが、家庭でもプロに負けない味を作る方法がありました。

作り方は、たった20分間煮込むだけ。煮込めば煮込むほど、おでんに味がしみ込むと思いがちですが、じつは「冷ます」過程で具に味がしみ込むのです。

例えば大根は、加熱中は内部の水分が膨張し押し出されます。そして加熱をやめると、水分が出た内部にすき間ができ、ここにだしが入り込むのです。うまみをじっくりと具材に浸透させるには、鍋の余熱を使いじっくりじっくり冷ましていくことがポイントなのです。

コツはなるべく大きい鍋を使い、加熱後は新聞紙とバスタオルで包み、とにかくゆっくりと冷ますこと。調理後最低1時間おけば、大根が飴《あめ》色になっているはずです。

ちなみに、だし汁を吸っておいしさを増す大根やこんにゃくなど(味吸い隊)を先に入れ、だし汁にうまみを逃がしてしまう昆布、つみれなど(味出し隊)は後に入れるのが鉄則。“味吸い隊”を後に入れると加熱時間を長くしなければならず、種自体のうまみが損なわれるのでご注意を。

おいしい「おでん」を作る7つの鉄則

「煮込む」のではなく「冷ます」のがおいしいおでんを作るカギ。ここでもう一度、ガッテン流のおいしいおでんを作る鉄則をまとめて紹介するので、ぜひ覚えておいてください。

- 鉄則1　大根は下ゆでする
- 鉄則2　一番大きい鍋を使う
- 鉄則3　だし汁に味吸い隊（大根、こんにゃく、はんぺん、卵など）を入れる
- 鉄則4　煮立ったら味出し隊（ちくわ、つみれ、さつま揚げ、昆布など）を入れる
- 鉄則5　コトコト煮で20分間
- 鉄則6　新聞紙とバスタオルで包み、最低1時間おく
- 鉄則7　食べる前に温め直す

皮を強火であぶる！

それだけでかつおのたたきはグンとうまくなる

かつお

強烈な強火が、生臭さを抑え、香ばしいうまさを引き出す

かつおはにおいにクセがあるため、たたきで食べるときは、冷やしてから薬味を添えて食べるのが一般的です。ところがかつおの産地、高知で調べたところ、たたきに薬味をつけない食べ方があるとわかりました。

高知流のかつおの臭みを抑えるワザとは、かつおの皮が茶色くなるまで強烈な強火で焼くこと。直火にかざして皮をあぶると、香ばしい香りが発生します。この香ばしさが生臭さを上回っていたのです。

この香りの物質は、アミノ酸と糖が一緒に加熱されると生まれます。その成分を調べてみると、食べ物をおいしくする「おいしさ反応」(メイラード反応、アミノカルボニル反応)が起きたときに発生する2種類の物質が見つかりました。そして、このおいしさ反応を最大限に生かすには、「熱々のまま食べること」がポイント。以下に、家庭でできる高知流の香ばしいかつおのたたきの作り方を紹介します。ぜひおためしください。

「香ばしいかつおのたたき」の作り方

1. かつおに塩をまんべんなくまぶす。
2. 五徳をはずし、金串に刺したかつおをガスの炎に直接入れる。皮の面を下にして茶色くなるまで強火で焼く。
   ※金串が熱くなるので、くれぐれもヤケドにはご注意を。
3. 身を下にして炎の中に入れ、表面が白くなるまで素早く焼く。
4. 焼きあがったら熱々のうちに食べる。
   ※コンロは、冷めたらすぐに掃除しましょう。

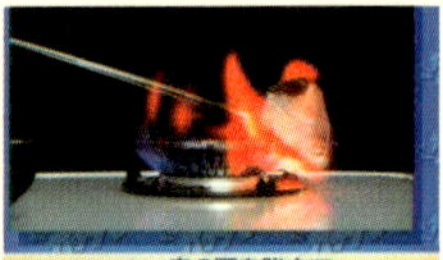

② 皮の面を強火で 茶色になるまで焼く

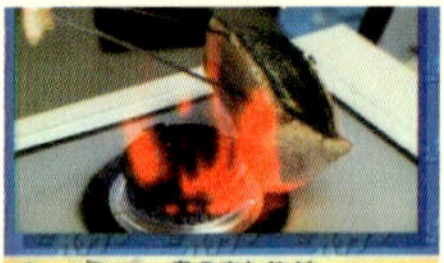

③ 身のまわりが 白くなるまで素早く

かつおぶしを お湯に入れてから 1分以内でこすと 香り豊かなだしになる

かつおぶし

かつおぶしの香りを損なわないための方法あれこれ

かつおを煮てからいぶし、乾燥させたのがかつおぶし。その香りには、減塩効果があることをご存じでしたか？

じつは、人間の味覚というのは、香りが強いほど味を濃く感じる特性があるのです。この香りを十分生かしただしのとり方を紹介していきましょう。

かつおぶしの量は、湯量に対して3～5%を基本とし、1リットルのお湯には30～50g（けっこうな量です）を用意します。お湯が沸騰したらかつおぶしを入れ、すぐに火を弱めます。軽く沈むのを待ち、1分以内にこしてください。かつおぶしのうまみは1分以内に出切ってしまい、それ以上煮ると苦みが出ます。香りも1分ごろが最もよく、煮るほど悪くなるので、あくまで1分が限度です。

開封した削りぶしを保存するには、袋の中の空気を極力抜いて密封し、酸化反応を遅らせるために低温にしておきましょう。密封しないと、香りの成分が揮発してしまいます。

「かつお削りぶし」と「かつおぶし削りぶし」の違い

似たような名前でもこの2つのかつおぶしは、以下のように大きな違いがあります。店頭で袋の裏面の表示を見ればわかるようになっていますので、特徴に合った使い方をしてください。

●かつお削りぶし

[作り方] かびなし

[香り] 強い（生臭い）

[好み] 西日本

[使い方] 生臭さを消すため、みそやしょうゆと一緒に（煮物・みそ汁）

[値段] 安い

●かつおぶし削りぶし

[作り方] かびつき

[香り] まろやか

[好み] 東日本

[使い方] 香りのよさを生かす吸い物など。アクセントとして（お浸し・冷ややっこ）

[値段] 高い

※「かび」といっても、特別に培養されたもので、体には無害だとされています。

ガッテンの知恵 15

おいしいかぼちゃは皮が黒っぽく果肉が赤みを帯びている

かぼちゃ

おいしいかぼちゃは、皮の色を見れば一目瞭然

かぼちゃは熟成によっておいしさを増します。とれたてのかぼちゃに多く含まれるでんぷんは、熟成するにつれ、酵素の働きにより糖へと変わっていきます。

一方、熟しすぎると、この糖はかぼちゃが呼吸するためのエネルギーとして消費され、代わりに作り出される水分により、果肉が水っぽくなります。つまり、かぼちゃの味を左右するのはでんぷんと糖のバランス。糖の甘さとでんぷんのホクホク感が程よいかぼちゃを選びたいものです。

でんぷん量を判断するには皮の色を見るだけでOK。皮が黒ければ、でんぷんが多くホクホク感のあるかぼちゃです。反面、皮が白っぽくなったものは、熟成が進みすぎて水っぽくなったかぼちゃです。

甘みを見極めるなら、果肉の色。とれたてのかぼちゃの若い果肉は白っぽい黄色で、熟成が進むと果肉は赤みを帯びて甘みが増していきます。このポイントさえきっちり押さえておけば、かぼちゃ選びを間違えることはなくなるはずです。

切っていないかぼちゃの甘みを見極める裏ワザ

かぼちゃをよーく見ると、皮の一部が黄色くなっている部分があります。これは、かぼちゃが土と接していた部分で、日光が当たらなかったために葉緑素がなく、果肉の色が外から見えてしまっているのです。

この部分の色が赤みを帯びていると熟成が進んでいる証拠。甘みが強いことになるので、買い物の際は、ぜひチェックしてみましょう。

ご覧のように、土に接していた皮の色と果肉の色が見事に一致しています。

かまぼこを板わさで食べるなら厚さは11ミリ！

かまぼこ

噛み心地がよければもっとおいしくなる

普段何気なく食べているかまぼこ。しかし、産地である山口県萩の人たちに言わせれば、「多くの人は切り方すら知らず、その魅力をわかっていない」とのこと。萩の人たちは、かまぼこを厚さ平均11.4mmに切って食べていました。

そこで番組では、異なる厚さのかまぼこを食べ比べ、口内の運動量を比較したところ、11mmの厚さが最も運動量が多いことがわかりました。さらに噛《か》み心地も調べるため、リラックスしたときに出るα波を測定したところ、11mmのかまぼこを食べたあとにα波がたくさん出て心地いいと感じていることがわかりました。

この2つの結果からも、かまぼこを最もおいしく味わえるのが11mmの厚さと言えそうです。ただ、かまぼこを料理に使うと、味がしみ込みにくく、ほかの食材の食感を邪魔してしまう欠点があります。調理の際は、ほかの食材と同じ大きさにそろえたり、味付けしやすいように素揚げして表面を加工するなどの工夫をしましょう。

かまぼこともやしの真っ白サラダの作り方

【材料】（4人分）　かまぼこ75ｇ／もやし150ｇ／サラダ油大さじ1／塩少々／しょうが・オレンジの皮(極細せん切り)各10ｇ／ごま油大さじ1／香菜少々

【作り方】

1. かまぼこはせん切りにし、もやしと同じ大きさにする。
2. もやしの両端のヒゲをとり、サラダ油と塩を入れた熱湯で10秒湯がく。
3. ボウルにかまぼこともやしを入れて、塩を加えて混ぜる。
4. しょうがとオレンジの皮を加えて混ぜ、仕上げにごま油であえて、香菜を添える。

ガッテンの知恵 17

唐揚げは1分30秒揚げて4分休憩し再び40秒揚げるべし

唐揚げ

「肉を衣の余熱で蒸らす」が、おいしい唐揚げを作るポイント

肉は加熱しすぎると、筋肉の繊維の収縮が進み、繊維と繊維の間にたまった肉汁を外に押し出してしまいます。鶏肉は、内部温度がだいたい60～80℃のときに十分な肉汁を保つことができます。それ以上加熱すると、パサパサに……。つまり、外はサックリ、中はジューシーな唐揚げを作るには、余分な加熱を抑えることがポイントです。その方法が二度揚げ。

まずは180℃の油で1分30秒揚げて、白い状態のまま取り出します。このときの内部温度は30℃ほど。しかし休ませている間に余熱で内部温度はじわじわと上昇し、4分後には65℃を超えます。これが最適な温度。そして、表面をカラッと仕上げるために再び40秒ほど揚げればOK。これで中を余分に加熱しすぎることなく、ジューシーに揚げることができます。

唐揚げは「肉に衣をつけて揚げる」料理ではなく、「肉を衣の余熱で蒸らす」料理だったんですね。

ガッテン流唐揚げのおいしい作り方

外はサックリ、中はふんわりジューシーな唐揚げを作るためのポイントをまとめてみました。

1. 肉は25gを目安に大きさや形をそろえて切る
2. 下味をつけたら10分ほどおいておく
3. つけ込む間に失われた水分を補うため、肉に水をもみ込む
4. 溶き卵をつけてから粉の衣をつける
5. 180℃の油で1分30秒ほど揚げる
6. いったん引き上げ、バットの上などで4分休ませる
7. 再び180℃の油で40秒ほど揚げる

短時間で熟成カレーを作る裏ワザは玉ねぎを揚げて使うこと

カレー

玉ねぎは油で揚げると短時間で甘みが出る

カレーのおいしさの秘密を握っているのがコク、いわゆる「辛さの中に深みのある味わい」です。なかでも重要なカギとなるのは玉ねぎの炒め方でした。

玉ねぎに含まれるショ糖という糖分は、長時間の加熱で濃縮されるうえ、ブドウ糖と果糖に分解されて、より甘みの強い果糖が多くなります。これが玉ねぎを炒めると甘くなる仕組みです。

ショ糖は温度が高いほど分解しやすい性質があるため、玉ねぎをざく切りにして油で揚げれば、短時間で効率的に甘みを引き出せます。

なお、ルーは火を止めて少し冷ましてから入れること。なめらかな舌触りに仕上がります。ルーに含まれる小麦粉のでんぷんは高温ほど糊化《こか》（のり状になること）を起こしやすく、沸騰しているときに入れてしまうと、ダマになりやすいからです。

ちょっとしたコツで、いつものカレーがひと味もふた味も変わります。ぜひおためしください。

短時間でおいしいカレーを作る6つの鉄則

玉ねぎを揚げる以外にも、おいしく作るための鉄則があるので、ぜひ実践してみてください。

鉄則1　じゃがいもは重いほうを選ぶ
重いほうがでんぷん質が多く、味に深みが出ます。ただ、煮崩れしやすいのであらかじめ軽く炒めましょう。

鉄則2　肉の臭みをとるために、下ごしらえでにんにくと一緒に炒める

鉄則3　煮込み中に固形スープのもとを入れる

鉄則4　ルーは火を止めて粗熱をとってから入れる
沸騰しているときに入れるとダマになりやすいので、鍋をぬれぶきんなどにのせて粗熱をとってから入れましょう。

鉄則5　カレー粉を足すときはからいりする
香ばしい香りが出ます。

鉄則6　ご飯は少しかために炊く
米と水を同量にするとよいでしょう。

キムチを前もって炒めると、キムチ鍋のうまみが増す

キムチ

キムチは加熱すればおいしいだしにもなる

私たち日本人はキムチ鍋を作るときに、キムチを具や味付けだと思って最後の段階で入れてしまいがち。しかし、キムチを前もってフライパンで炒めると、鍋のだしに変わります。その理由は、キムチに含まれる糖分とアミノ酸が、炒めることで結合を強め、香りやおいしさを高める反応（アミノカルボニル反応）が起きるためです。番組で、あらかじめ炒めたキムチと、生のキムチのうまみ成分の量を比べたところ、炒めたキムチは、生のキムチよりも34％もうまみ成分がアップしていました。

さらにキムチ鍋をおいしくするには、具材にもキムチと相性のいい成分、イノシン酸を多く含んだものを選びましょう。キムチに含まれる成分のペプチドは、イノシン酸と相性がよく、2つが合わさるとうまみの相乗効果でおいしさが倍増します。イノシン酸を多く含む食材は、サバや煮干し、イワシ、ツナといった魚介類のほか、肉なら豚肉。あらかじめ炒めたキムチと、イノシン酸を多く含む具を入れて、本場のキムチ鍋を作ってみましょう。

熟成したキムチをまろやかにする方法

熟成が進んだキムチは、乳酸菌やビタミンB_1などの栄養分が豊富ですが、酸味が強くて日本人は敬遠しがち。そこで、熟成が進んだキムチをまろやかにする方法を紹介します。

●生で食べる場合

キムチにごま油を入れ、手でもみ込むように混ぜると、酸味がまろやかになります。

●豚キムチなど火を通して食べる場合

キムチに砂糖を加えれば、酸味が消えてコクのある味わいになります。

おいしい焼きギョウザを作りたければまず3分ゆでる

ギョウザ

ギョウザは焼く前にまずゆでるを常識にしよう

でんぷんが加熱などにより、水を吸ってのり状に変化することを「糊《こ》化《か》」と言います。糊化を起こすと、ギョウザの皮は半透明でモチモチした食感になります。熱湯で3分間ゆでる狙いは、この糊化を起こさせるためなのです。

まず、フライパンの中に、ギョウザの半分の高さまでお湯を入れ、3分間ゆでます。それ以上お湯を入れると、皮がほぐれる場合があります。冷凍食品の場合は、1分ほど長めの4分間ゆでてください。

ゆでたあとは、フライパンをふたで押さえながらお湯を捨てて油を足し、一気に加熱しましょう。こんがりと焼き目がついたらできあがり。表面はパリッと仕上がります。さらにギョウザをジューシーにしたいなら、まず、しょうゆと塩を足した肉だけをよくこねること。持ち上げても落ちないほど、じっくりこねてからほかの具材を混ぜることで、肉汁がしっかり保持されてジューシーに仕上がります。これらのコツを押さえれば、プロに負けない焼きギョウザのできあがり。

“モチモチパリパリ”ギョウザの作り方

ギョウザは「ゆでてから焼く」のほかにも、おいしく作るためのコツがあるので、順を追って紹介します。

1. 肉に調味料だけを加えてよくこねる

2. 野菜を加えて軽く混ぜる

3. 具を冷蔵庫で2時間寝かす
じっくり寝かすことで、さらにしっとりジューシーな具に。また、たねがかたくなって包みやすくなります。

4. 皮に具をのせて、ひだを寄せて閉じる
具は皮の中心よりもやや右寄りにのせておけば、ひだを左に寄せていくときに、具がずれてちょうどいい位置に。

5. 熱湯を注いで3分間ゆでる
湯が多すぎると閉じ目が開いて具がほぐれてしまうので注意。

6. 湯を捨ててから油を回し入れて1分半焼いてできあがり

たった2時間で自家製くん製ができる

くん製

くん製独特の歯ごたえと味わいを家庭で味わおう

家庭でくん製を作るには、鉄のフライパンとふた、アルミ箔《はく》にチップ、焼き網を準備すればOK。まずは、バットに水2と1/2カップと塩大さじ1（海水ぐらいの濃さ）を入れ、香り付け用にセロリやパセリ、好みのハーブを加えてつけ汁を準備します。そこに好みの魚を浸して、冷蔵庫で1時間つけ込みます。くん製のプリプリした歯ごたえは、この塩水につける過程が作ります。

つけ汁から取り出した魚は扇風機にあてて30分乾燥させ、その間にアルミ箔でチップを入れる皿と、フライパンの底全面が隠れるふたを作ります。この準備が済むといよいよ煙がけ。フライパンに、チップを入れたアルミ箔の皿とふたをおいてから、魚焼きの網をのせ、その上に魚をおいて、火にかけましょう。

最初は強火で、煙が出てきたら弱火にしてふたをし、30分じっくりと加熱すれば完成です。なお、いぶしたてよりも時間をおいたほうが味が凝縮して、グッとうまみが増します。

ガッテン流カンタンくん製の作り方を復習！

1. 3%の塩水に1時間つけ込む

深めのバットに水2と1/2カップ、塩大さじ1（約15g）、あればセロリやパセリを入れてつけ汁を作る。そこにさば、いわしなどの魚を入れて冷蔵庫へ。

2. 扇風機で30分乾燥させる

冷蔵庫から魚を取り出し、扇風機で乾燥。フライパンの上にアルミ箔で作った皿をのせチップを入れて、さらに魚の脂で火がつかないようにアルミ箔でふたをする。

3. 煙がけ30分

フライパンの上に焼き網をのせ、その上に魚を置いて火にかける。最初は強火で、煙が出てきたら弱火にしてふたをし、30分加熱。換気扇は回し続けること。

チップが入っているアルミ箔の皿の上に、アルミ箔でふたをする。

煙がけ中は、その場を離れないように。

ガッテンの知恵 22

つまようじが立つかたさまで生地を泡立てるとふんわりケーキに仕上がる

ケーキ

泡の性質がわかれば、家庭のケーキも大きく前進

ふんわりしたスポンジケーキを作るには、生地の泡立て方が重要です。では、どのくらい泡立てればいいのか。生地は泡立てた最初こそ、見かけに大きな変化がありますが、その後はさほど変化しません。そこで活躍するのがつまようじ。1.5cmほどを生地に刺して、倒れなくなれば、泡立て完了の合図です。

口どけをやわらかくするには、さらに生地の泡の性質を知る必要があります。大きい泡と小さい泡が混ざると、小さい泡が大きい泡に吸収される性質があります。大きい泡はより大きくなり、キメの粗さの原因に。生地の段階で泡の大きさをそろえることが大切です。

プロは生地の泡の大きさをそろえるため、泡立ての最終段階で1分ほど、ハンドミキサーを低速回転にして、ゆっくりと混ぜていました。このひと工夫で大きい泡を分断し細かくしているのです。ちゃんと本を見て作ったのに膨らまなかったり、キメが粗かったりという失敗は、こうした工夫で解消できます。

さらにケーキをおいしくするための3つのコツ

その1　砂糖の分量は決して減らさない

卵の泡を丈夫にするには、砂糖の量を減らさないこと。また、泡立てのときの卵と砂糖の温度は、湯せんにかけるなどして30℃を目安に。

その2　小麦粉は「の」の字を書くように

小麦粉は泡の周りに分布して、加熱したときに泡を固める役目をします。まんべんなく分布させるためには、ふるってほぐしながら入れ、「の」の字を書くように底をすくってそっと上にかぶせるように混ぜます。

その3　バターはサラサラの状態で

バターはケーキの風味と口溶けをよくします。ただ、泡をつぶれやすくするので、高温に温め、サラサラの状態にして静かにかけましょう。素早くかくはんしたら、すぐに予熱したオーブンで焼きます。

ごぼうは アク抜きをする 必要はなし

ごぼう

ごぼうは、皮を丁寧にむいて、アク抜きをする……は非常識？

　和食の世界では、ごぼうの皮を大切にするのは当たり前で、ごぼうのせん切りをのせたおこげ料理を始め、ごぼうの中心部を抜いた皮だけの料理もあります。

　ごぼうの中心部には導管があり、導管の外と内では細胞の構造が異なります。内側は貯蔵器官としてごぼうの体を支えており、細胞壁は厚く、細胞自体も古くなっています。対する外側は代謝のための細胞で、細胞壁は内側より薄く、糖やたんぱく質、アミノ酸が多く含まれています。グルタミン酸の量でも、内側の1.6倍も多く含まれていました。この特徴により、ごぼうの皮は、料理の味を引き立てる隠し味として使われているのです。

　なお、アク抜きをしても色どめにはなりますが、味がよくなるわけではありません。水に出た色は、ポリフェノールが流出したためです。逆に、カルシウム、カリウム、アミノ酸といった栄養素が水に溶け出てしまうので、栄養面からみてもアク抜きは必要ありません。

ごぼうの皮は隠し味になる！

見た目でわからないよう、あらかじめそれぞれごぼうを取り除きました。

隠し味が皮だと知って被験者もビックリしていました。

皮をむいたごぼうを使った料理と、ごぼうの皮を使った料理の食べ比べ実験を行いました。

グルメの被験者5人に、それぞれ吸い物、鶏肉の蒸し物、炊き込みご飯を食べ比べてもらい、どちらがおいしかったかを調査しました。

その結果、すべての料理で、4人の人が隠し味にごぼうの皮を使った料理をおいしいと感じました。

ごぼうの皮には、隠し味として料理の味を引き立てる効果があったのです。

ごま油は
塩やしょうゆと同じように
仕上げの調味料

ごま油

ごま油を調味料とすることで、料理の腕も一段アップ

ごま油は、色が濃いほど香りが強く、色が薄いほど香りが弱いという特徴があります。ごまを焙煎《ばいせん》することで色が濃くなり、香りも強まるのです。おいしさの決め手となるのは、ごま油特有の香りにあり、ごま油自体に味はありません。つまり、私たちはごま油の香りの刺激によって料理をおいしく感じています。ところが、香りは調理中に飛んでしまうほかに、においの感覚はまひしやすいので、ついつい多めに使って油をとりすぎてしまうことも。

そこで、ごま油は調理の最後、仕上げに使ってその独特の香ばしさを生かしましょう。香り付けという意識がごま油の魅力を高めてくれるはずです。ごま油は流しの下ではなく、塩やしょうゆと同じ場所に置けば、調味料として活用しやすくなります。

なお、ごまには抗酸化・老化抑制作用、コレステロールの低下、アルコール分解の促進、食物アレルギーの抑制、がん細胞増殖の抑制など、さまざまな効果があることがわかっています。

ごま油は調理の仕上がり直前に入れるのがベスト

無色無臭のサラダ油と風味豊かなごま油で作ったドレッシングを、もやしにかけて食べ比べてもらう実験を行いました。
ごま油のほうが香りが強い分、濃い味に感じるため、少ない量で済むと予想しましたが、逆にごま油のほうが2g以上多く使われた結果に……。
なぜかというと、私たちは香りにすぐ慣れてしまうから。食べている最中に味が薄くなったと感じ、さらに足してしまうのです。ごま油は使いすぎてしまいがち。油としてというよりは、仕上げに加える調味料として活用しましょう。

ごま油を最初からかけて食べると油のとりすぎに。

かつおぶしや煮干しと一緒に使うと昆布のうまみは倍増

昆布

昆布は、イノシン酸を含む食材と相性がよい

昆布に多く含まれるグルタミン酸は、かつおぶしや煮干しなどに含まれるイノシン酸と一緒になるとおいしさが増します。例えば、バッテラ、にしんの昆布巻き、おでんなどのおいしさは、こうした組み合わせが関係していたのです。

昆布のおいしいだしのとり方を紹介しましょう。昆布には、葉が広くて厚いものと、細くて薄いものがありますが、だしに向いているのは、うまみ成分であるグルタミン酸を多く含んだ、葉が広い昆布です。真昆布や利尻昆布などがそれ。

昆布は水から入れ、沸騰前に取り出しますが、70℃を超えるとヌメリ成分（アルギン酸）が出てきます。ただ、沸騰前に取り出した昆布にはグルタミン酸が20%ほど残っているので、さらに煮込んで二番だしをとってもよいでしょう。当然、ヌメリやにおいが出るので、すまし汁には向きませんが、みそ汁や煮物、天つゆなどにはおすすめです。

昆布でおいしいだしをとるポイント

ポイント1　昆布はなるべく水洗いしない

昆布の表面にはだしのおいしさを引き立てる成分があるため、なるべく水洗いしないように。汚れが気になる場合は、軽くふく程度にしましょう。

ポイント2　昆布は水から入れる

沸騰するまでの時間が、昆布のだし成分を出すのにちょうどよいと言われています。

ポイント3　沸騰前に取り出すこと

70℃を超えると、ヌメリ成分のアルギン酸がしみ出しやすくなるので、その前に取り出しましょう。水に長時間入れておく「水出し」法もありますが、夏と冬で浸す時間が異なったり、長時間浸すことで臭みやヌメリが出る場合もあるので、注意が必要です。

食前のお酒は食欲を増進するだけでなく味覚を敏感にする

適度なアルコールで食欲を高め、楽しい食事を

食事の前に飲む食前酒は、ゆったりと食事を楽しむ雰囲気にさせてくれます。この食前酒は、単なる習慣ではなく、ちゃんと意味がありました。アルコールの刺激が、胃の働きを活発にして食欲を増進してくれるのです。

ただし、アルコール度数が高すぎると胃の働きは逆に鈍り、消化が進まず場合によっては胃から出血していたり、吐き気をもよおしたりすることもあるので注意が必要。食前酒にシェリー酒やチンザノなどを飲むのは、程よいアルコール度数だからなのです。

食前酒のもうひとつの効能は、味覚に敏感になること。度数の低いアルコールは、舌の感受性を高めてくれます。この効能を意識的に取り入れれば、料理をもっとおいしくいただけるというわけです。当然、飲みすぎは脳の働きをまひさせ、味覚を鈍らせるほか、場の雰囲気を壊す要因にもなるので、あくまでほどほどに。

酔い覚ましに効く食品はどれ？

酔い覚ましに最も効く食品はどれなのかを、実験してみました。アルコールが体に十分吸収されたあと、酔い覚ましに効くとされる、さまざまな食品を食べてもらい、アルコールの分解のスピードが、空腹のときと比べてどれだけ速くなるかを調べました。その結果、以下の順位になりました。

1位　グレープフルーツジュース（300ml）…12%
2位　卵焼き（150g）…11%
3位　柿（大1個）、いりごま（10g）…8%
5位　梅干し（5個）…7%
6位　板チョコ（半枚）、枝豆（200g）…4%
8位　しじみのみそ汁（1杯）…1%

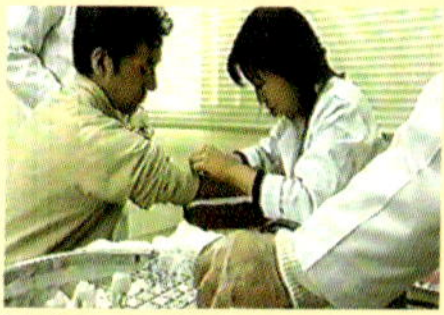

被験者の血液からアルコールを分解する速さを調べました。

※%は、アルコールを分解する時間がどれだけ短縮できたかを表しています。また、実験では1回で無理なく食べられる量で測定しています。

ビタミンCを期待するなら、レモンよりもさつまいも

さつまいも

でんぷんのおかげでビタミンCがたっぷり

さつまいもには、肌の老化や便秘を防止してくれるビタミンEや高血圧を予防するカリウムが豊富に含まれていますが、最も注目したいのは、コラーゲンの生成やシミ・ソバカスの防止にも役立つビタミンC。

ほうれん草のビタミンCは、5分ゆでると6割が消失するのに対し、さつまいもは焼きいもにしても3割程度しか失われないのです。これは、でんぷんが糊《こ》化《か》するときにビタミンCを包み込み、損失を抑えているため。熱にも強く、一度にたくさん食べられるさつまいもは、ビタミンCをとるにはとても適した食材と言えるでしょう。

また、さつまいもは煮崩れしやすいので、煮る場合は、かき混ぜない、煮立てすぎないこと。弱火でゆっくり、が基本です。

揚げる場合の裏ワザは、熱湯で1分ほど湯通しして30分以上凍らせたあとに揚げること。こうすることでふんわりやわらかく仕上がります。蒸す場合は、皮を残したままで丸ごと蒸せば栄養の流出を防げます。

さつまいも料理で注意したいポイント

●煮る場合

面取りする、かき混ぜない、煮立てすぎない、弱火でゆっくり煮る……この4つを守りましょう。

●揚げる場合

そのまま揚げるとかたくなるので、熱湯で1分ほど湯通しし、冷凍庫で30分以上凍らせたあとに揚げればやわらかくなります。

●蒸す場合

皮を残したまま丸ごと蒸せば、栄養分が流失しません。

ケーキにはグラニュー糖、煮物には黒砂糖、砂糖は賢く使い分け

砂糖の主成分、ショ糖が調理で大活躍

調理する前、あらかじめ肉に砂糖をまぶしておけばやわらかくなります。これは砂糖の主成分であるショ糖が、肉と水分を結びつけやすいためで、すき焼きに砂糖を利用するのもそうした理由です。ほかにも、ショ糖にはケーキを膨らませる働きもあります。

砂糖は、精製によってショ糖の純度が異なります。ショ糖の純度が高いのはグラニュー糖。肉をやわらかく煮たり、ケーキ作りに向いていると言えます。

ちなみに、ショ糖の純度が高いほど砂糖本来の風味は減り、すっきりとした甘さになります。風味を生かしたいような煮物などには、風味とコクを残した黒砂糖を用いるといいでしょう。砂糖の性質や風味を生かした使い分けをおすすめします。

また、砂糖を使う料理で一番注意したいのは煮物で、特に煮豆のとき。砂糖は一度に入れてしまうと、煮汁の浸透圧が高くなり、豆から水分を吸い出し、かたくさせてしまいます。豆の水分が抜けないよう、少しずつ加えていきましょう。

コーヒーに合う砂糖はどれ？

9人の女子学生に、オリゴ糖、グラニュー糖、黒砂糖の3種類を入れたコーヒーを飲んでもらい、一番風味豊かに感じるものを選んでもらいました。

結果、オリゴ糖を選んだのは5人、グラニュー糖が2人、黒砂糖が2人と、意見が分かれました。

オリゴ糖やグラニュー糖は無臭のため、コーヒーのにおいを損ないません。コーヒー本来の苦みや香りを楽しむならピッタリ。一方、まろやかな甘みが好きな人は、独特な風味をもつ黒砂糖がおすすめです。

調味の塩は数回に分けて加える
これが、減塩のコツ

塩を分けて入れるのは食材の中にしみ込ませないため

塩を数回に分けて入れると、どうして味が濃く感じられるようになるのでしょう。

例えば、塩やしょうゆを、煮立つ前、煮立ってから、仕上げと3回に分けて入れ、いもを煮てみます。すると、トータルの塩分量は普段より少なくしても、いつもよりおいしく感じられました。数回に分けることで、塩分が中にしみ込むよりも、材料の外側につくほうが多くなります。この外側の塩味が味覚を刺激するので、量が少なくても、味を濃くはっきりと感じることができるのです。

そのほかの減塩法としては、塩味の強いもの、弱いものを組み合わせたメリハリある献立も有効です。同じ塩加減の料理ばかりだと味がぼやけて物足りなく感じ、一方、減塩料理ばかりだと味気がなくなります。

減塩を気にしているけれど、薄味では物足りないという人は、ここで紹介した減塩ワザをためしてみましょう。

減塩に役立つ「水塩」の作り方

プロの料理人が、塩の代わりによく使っているのが「水塩」と呼ばれる液体状の調味料。水塩は、塩と違って分量がきっちりと量りやすく、料理を薄味に作ったあとでも付け足しやすいため、塩分のとりすぎを防ぐことができます。塩の代わりに使うだけでなく、冷たい汁物や卵焼きなどの味付けにおすすめです。

【材料】塩600g／水1.8リットル／卵白１個／卵の殻１個

【作り方】

1. プラスチックかガラスのボウルに塩と卵白を加えてクリーム状になるまで手で混ぜる。
2. アクとりに卵の殻を割って混ぜ、徐々に水を加えてさらに混ぜる。
3. 鍋に移して火にかけ、アクをとり、キッチンペーパーで裏ごしする。
4. ペットボトルやガラスのビンで保存する。

※水塩は常温で2〜3か月保存できます。

しじみは1％の塩水に4時間浸すとうまみが増す

しじみ

1%の塩水がうまみ成分のアミノ酸を増やす

しじみは塩水の中にいると、細胞内の水分が奪われるので、それを避けるために細胞の内と外の浸透圧を合わせようとして細胞内のアミノ酸を増やします。塩分濃度1%の塩水に4時間浸す砂出しとは、このしじみの性質を利用したもので、アミノ酸を増やすのに最適な濃度なのです。ただし、清流にすむ「マシジミ」、琵琶湖特産の「セタシジミ」などはどちらも淡水産の生き物なので、「塩水での砂出し」を行うべきではありません。

しじみに限らずはまぐり、あさりなどの二枚貝は、無酸素状態において、うまみ成分のひとつであるコハク酸を増やします。砂出しのあとは、水からあげ、ぬれぶきんをかけて、3時間放置しましょう。

しじみは水がなくてもエネルギーを得るしくみが備わっているので、3時間程度なら水からあげておいても傷んだり死ぬことはありません。ただし、湿り気は必要なのでぬれぶきんをかけ、暑い夏場は冷蔵庫などに入れておきましょう。

砂出ししたしじみは、ポリ袋やフリーザーパックなどに入れて冷凍庫に入れておけば、約1か月保存できます。

「二日酔いにしじみ汁」って本当？

飲酒後にしじみ汁としじみなしのみそ汁を飲んだ場合で、それぞれ呼気中のアルコール濃度がどれくらい違うかを実験しました。その結果、しじみ汁を飲んだ場合、飲酒1時間後で10人中7人のアルコール濃度が低下していたのです。

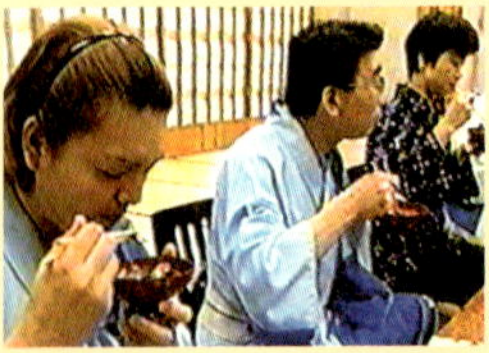

しじみにアルコールを分解する成分はないため、しじみの何かしらの成分が肝臓のアルコール分解を促進したと考えられます。

ガッテンの知恵 31

ルーは
火を止めてから
5分後に入れる
これが、シチューの鉄則

シチュー

シチューのルーは、粗熱をとってから入れる

シチューの具を煮崩れさせずに、やわらかく仕上げるには、水から弱火でじっくり煮込みましょう。60～70℃付近の温度帯の煮込み時間が長くなると、煮崩れが起こりにくくなります。これは酵素の働きによって、野菜の細胞と細胞の間にあるペクチンという食物繊維が変化して、細胞どうしの結合を強くするため。

また、ダマ(のり状の固まり)になるのを防ぐためには、火を止めて少し冷ましてからルーを入れること。ルーに含まれる小麦粉のでんぷんは、高温ほど糊化《こか》を起こしやすく、火を止めた直後にルーを入れるとどうしてもダマができやすくなります。ルーを入れる前にはまず火を止めて、鍋をぬれぞうきんの上に置くなどして粗熱をとりましょう。

約5分後、80℃以下になってからルーを溶かし入れると、驚くほどクリーミーでなめらかなシチューに仕上がります。ただし、シチューの温度が80℃以下に下がるまでの時間については、分量や鍋の材質、厚さ、室内の温度によって微妙に異なります。参考までに、ほうろう鍋でシチューを4人分作った場合は、80℃になるまで5分、ガラス鍋で作った場合は、約10分が目安です。

ガッテン流なめらかシチューの作り方

1. 厚手の鍋にサラダ油を熱し、ひと口大に切った肉、野菜を焦がさないように炒める。
2. **水を加え、弱火でじっくり加熱**し、沸騰したらアクをとり、具がやわらかくなるまで弱火から中火で煮込む。
3. いったん火を止め、**粗熱をしっかりとって**ルーを割り入れて溶かし、再び弱火でとろみがつくまで煮込む。

湿らせた新聞紙で包み常温保存するとしょうがは長もちする

しょうが

しょうがを腐らせずに保存するワザあれこれ

しょうがを冷蔵庫で保存していたら、ミイラのように乾いていた……なんていう経験はありませんか？　じつは、しょうがは寒さと乾燥が苦手な食材だったのです。10℃以下の場所に保存されると低温障害によって傷んだうえに乾燥してしまい、しょうが本来の味は大きく落ちてしまいます。

傷まないように保存するには、湿らせた新聞紙で包んで乾燥を防ぎ、常温（15℃前後）で保存しておきましょう。新聞紙は乾燥を防止するだけでなく、しょうがの呼吸で出される余分な水分を吸い取り、湿度を管理してくれます。

長期間保存したい場合は、すりおろして冷凍保存がおすすめです。この方法だと、風味は損なわれず、新鮮な状態を長い期間保つことができます。もちろん、丸ごと冷凍保存してもかまいませんが、すりおろすときにかなりの力が必要になりますので、あまりおすすめできません。

豚のしょうが焼きをおいしくする裏ワザ

生しょうがに含まれるたんぱく質分解酵素は、肉をやわらかくする効果があります。
そこで実験。しょうがと肉を焼く直前に合わせたものと、合わせてから30分以上おいてから焼いたもののうまみ成分の量を測定したところ、30分以上おいたもののほうがうまみが増えていました。おいしい豚のしょうが焼きを食べるには、「30分以上おいてから焼く」を忘れずに。

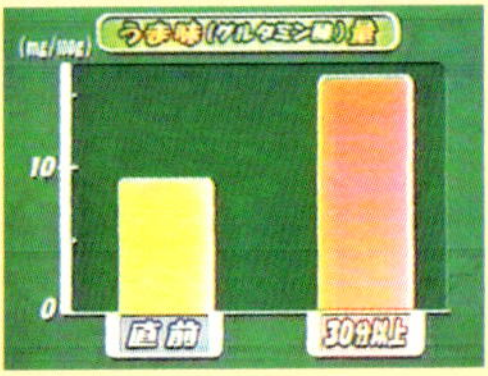

直前に合わせたものより、30分以上おいたほうが、うまみ成分のグルタミン酸の量が1.7倍も増えていました。

ガッテンの知恵 33

酢には食欲増進効果と殺菌効果がある

酢には野菜の甘みを引き立てる働きも

食欲のないときには、酢の物や酢を使った前菜がぴったり。食欲増進のバロメーターである唾液《だえき》を分泌させる効果が、ほかの調味料に比べて高いからです。日本列島の南に行くほど酢の使用量が多いのも、暑さで減退した食欲を旺盛にしてくれるという理由があります。また、酢の持つ防菌・殺菌効果により、暑さによる食品の傷みを遅らせているということも考えられます。

ほかにも、酢は野菜の下ごしらえにも活躍してくれます。例えば、料理でごぼうやカリフラワーの色を白く仕上げたいときは、酢水や水につけると色が抜けます（ただし味に変化はありません。詳しくは52ページ参照）。また、里いもを煮込む前に酢水でゆがくとヌメリがとれて、サクサクとした歯ごたえになりますし、甘みを引き立てる効果もあります。

お酢を飲めば本当に体がやわらかくなるの？

「お酢を飲めば体がやわらかくなる」というのはよく聞く話。そこで、若者10人に協力してもらい、真偽のほどを確かめてみることにしました。

10人には、1週間毎日20mlのお酢を飲んでもらいます。お酢は水で割ってもストレートでも飲み方は自由。

1週間後、体の柔軟性を測定したところ、飲む前とまったく変化がありませんでした。お酢で体がやわらかくなるというのは、この実験では実証できませんでした。

お酢を飲む前と飲んだ後の体の柔軟性を測定しました。

ソースが揚げ物と合うのは原料に酢が入っているから

ソース

ソースと揚げ物の相性のよさは原料の酢にある

ソースの原料はおよそ30種。野菜や果物、十数種類の香辛料、砂糖、塩、酢などで作られています。なかでも、ソースに含まれる酢と香辛料の香りや辛みが、ソースを揚げ物に欠かせない存在にしていました。

酢は、油の粒子を細かくして揚げ物の口当たりをまろやかにし、香辛料の香りや辛みが、油臭さを和らげる働きをすると考えられているからです。

ソースの種類は、JAS（日本農林規格）に定められている基準で分けられています。ウスター、とんかつ、中濃など、ソースに含まれる繊維分と粘り気が違いますが、衣へのしみ込みやすさや味の好みで使い分けされています。比較的辛みの強いウスターソースは、衣にしみ込みやすく、とんかつソースは野菜や果物の繊維分を多く含むため、ドロッとして甘みが強く、衣にしみ込みにくいのが特徴です。中濃ソースは濃度も味もその中間くらい。

ソースはイギリスで発明されたものですが、とんかつソースを始め、お好み焼きソースなど、日本で独自の発展を遂げました。いまやしょうゆ、みそに次ぐ日本の食文化に欠かせない調味料のひとつになっています。

揚げ物には酢がピッタリ

揚げ物とソースの相性を調べるために、カラメルで着色した砂糖水、酢、塩水の特製ソースを作り、どれが一番とんかつと相性がよいのか、試食してもらいました。
その結果、５人中４人の被験者が、酢が一番、とんかつをさっぱりと食べられたと答えました。
原料のひとつとして酢が含まれているソースは、やはり揚げ物との相性がよかったのです。

砂糖水、酢、塩水の特製ソースのうち、どれが一番とんかつと相性がいいかを実験。

ガッテンの知恵 35

そばの香りを味わうには、下3分の1ほどつゆにつけて一気にすすり込む

そばは香りを堪能するのがミソ

そば通の人は、そばをあまり噛《か》まずにすぐにのみ込み、のどを通るザラッとした感覚を楽しんでいます。本来、そばは噛まないよりも噛んだほうが香りが多く出るはずなのに、なぜそば通は香りを感じられるのでしょうか。

それは、そばの香りがつゆに負けないよう、つゆをつけすぎないようにしているからです。また、そばの香りはのどから鼻に抜けるときに強く感じます。空気と一緒にすすり上げることで独特の風味を味わうことができるのです。

そば通が、そばつゆにそばの下3分の1だけつけて一気にすすり込むのは、こうした理由で、そばの香りをより堪能していたのです。

ちなみに、そばには黒っぽいそばと白っぽいそばがあります。更科そばが有名な白っぽいそばは、一番粉のみを使っており、のどごしのなめらかさに対して、若干香りには欠けるようです。一方、二番粉、三番粉を中心とする黒っぽいそばは、殻も一緒にひいているのでのどごしはザラザラしますが、そばの香りの強さが特徴です。

そば通とサラリーマンの食べ方の違い

そば通とサラリーマンの食べ方の違いを観察したところ、そばつゆのつけ方とすすり方に大きな違いがありました。

そば通は、そばを少しだけつゆにつけて一気にすすり上げていました。

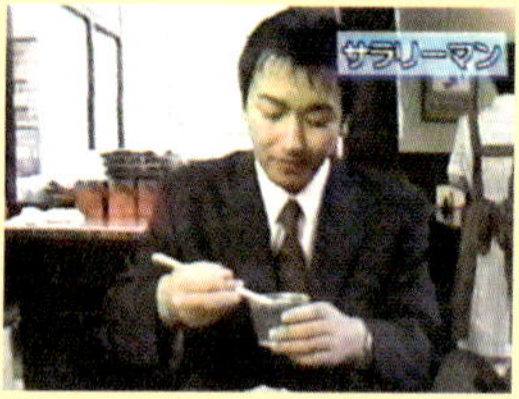

サラリーマンは、そばをたっぷりつゆにつけてゆっくり食べていました。

大根の上部は
サラダやおでんに、
下部は
みそ汁や薬味に使う

大根

部位別の調理法で大根の真の魅力を知ろう

根菜の代表格、大根。1本の大根でも、上（首に近い部分）と下（末端に近い部分）では辛さに10倍以上の差がありました。辛さが強いのは下の部分です。上より下が辛いのは、辛みのもとになる物質の量が下のほうに多く、辛み発生酵素の活性も圧倒的に高いというのがその理由です。せっかくの料理を台無しにしないためにも、部位別の特徴を生かした使い分け術を紹介します。

上の部分は最も首に近い「上の上」と、その下辺りの「上の下」に分かれ、下の部分は最も末端に近い「下の下」とその上辺りの「下の上」に分かれます。

「上の上」は、繊維質が多くて甘めなのでサラダや天つゆに入れるおろしに合います。「上の下」は、甘くてやわらかいので、煮物、おでん、ふろふき大根などに使いましょう。「下の上」は、やや苦みが多いので、苦みを調和するみそやしょうゆの濃い味付けの煮物に最適。「下の下」は、辛いおろし、薬味にピッタリ。部位の特徴を知り、1本丸ごと上手に活用してみましょう。

部位別でおすすめの調理は変わる！ 大根のおいしい使い分け方

上の上
甘くてシャキシャキ！
天つゆ、サラダなど

上の下
甘くてやわらか&辛みはそこそこ!
おでん､ふろふき大根など

下の上
濃い味付けの煮物にぴったり！
ぶり大根、みそ汁など

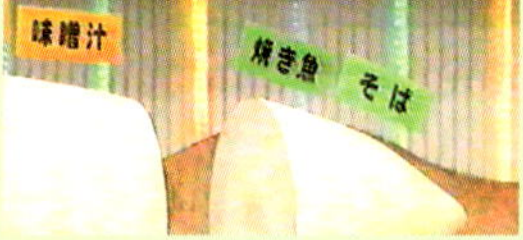

下の下
辛いから、おろしや薬味に最適！
焼き魚、そばなど

大豆はゆでずにレンジ加熱するとイソフラボンを無駄なく摂取できる

大豆

電子レンジでチンして、大豆の成分を効果的に吸収

大豆に含まれるイソフラボンは、分子構造が女性ホルモンと似ているため、骨粗しょう症、更年期障害などの予防に効果があります。大豆100gには、1日の必要量の約2倍ものイソフラボンが含まれているのです。

女性の強い味方、イソフラボンですが、血中で女性ホルモンの代わりに働くためには、腸内細菌の手助けが必要です。その働き具合によってイソフラボンの吸収量に差が出てしまいます。この腸内細菌はオリゴ糖によって活動を活発にするため、大豆とともにオリゴ糖をとるといいと言えます。大豆自体にもオリゴ糖は豊富に含まれていますが、水に溶けやすいため、水煮だと大半が煮汁に溶け出してしまいます。

そこで効率よくイソフラボンを吸収する調理法は、電子レンジで加熱すること。主成分がたんぱく質と脂質なので、加熱調理に水は必要ありません。さっと水で洗った大豆を耐熱用ボウルに入れてラップをふんわりかけ、レンジで皮が破れる程度に加熱するだけで下ごしらえは完了。ちなみに、大豆以外のいんげん豆や小豆などはレンジ加熱ではおいしくなりません。でんぷんを多く含むため、加熱調理に水が必要だからです。

個人差があるイソフラボンの吸収量

3日間大豆を控えてもらった5人の女性に、大豆の水煮100gを食べてもらい、イソフラボンの吸収量を測定しました。その結果、同じ量を食べていても、人によって吸収量が5倍近くも差がありました。

吸収量が少ないのは、腸内環境が悪いため。腸内細菌の活動を活発にするオリゴ糖を一緒にとれば、イソフラボンの吸収量はアップします。

たけのこは「先端の緑色」「根元の突起の色」が薄いものを選ぶ

たけのこ

熱を加えれば、えぐみの増加を止めることができる

たけのこは地面に顔を出し、日に当たると成長が盛んになります。このとき、酵素が働いて食物繊維などを作り始めると同時に、「えぐみ」を作り出します。たけのこをおいしく食べるには、この「えぐみ」を何とかしないといけないのです。

えぐみがやっかいなのは、たけのこを根から切り離しても生成が止まらず、日がたつにつれてどんどん増えていくところ。えぐみの増加を止めるには、熱を加えればいいのですが、収穫してから日がたったものをゆでても効果はありません。えぐみを避けるには、とってから間もないものを選び、買ったら極力早めにゆでること。

店頭でたけのこを選ぶときは、まず先端の緑色の部分をチェックしましょう。この緑色は日に当たるほど濃くなるので、薄いものを選ぶとよいでしょう。また、たけのこの根元付近にあるぽつぽつも、時間がたつにつれて色を濃くするので、薄ければ時間がそれほどたっていない証拠になります。たけのこをおいしく食べるためにも、この性質はしっかり理解しておきましょう。

水煮たけのこの白い粉は捨てちゃダメ

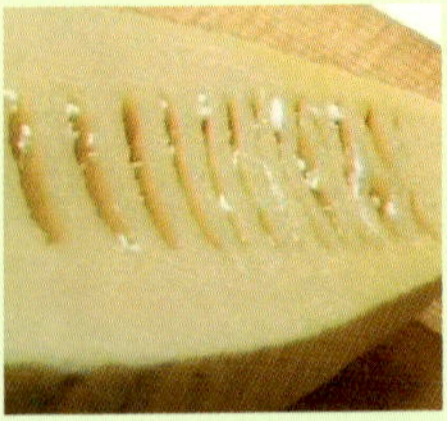

水煮たけのこを見るとよくついている白い粉の正体はアミノ酸。98%がチロシンというアミノ酸の一種です。チロシンにはどんな効果があるのか、ラットで実験してみたところ、ストレス耐性を高めてくれるドーパミンが増加することがわかりました。白い粉はとらずに調理しましょう。

ガッテンの知恵 39

たこは、いかより強い歯ごたえを長く味わえる

たこ

じっくりとした噛み心地を楽しんで、たこを味わい尽くす

たこの味は、いかと比べると濃くありません。しかし、たこには、いかにはない魅力がありました。それが歯ごたえ。

たこ消費量の多い関西の人たちは、たこの歯ごたえを楽しみながら、噛《か》み尽くすことで、うまみを堪能しているようです。番組で、たこの代わりにいかを入れたたこ焼きを関西の人と東京の人に食べてもらい、その反応を見たところ、東京の人はたこではないと気づいた人がゼロだったのに対し、関西の人は半数以上の人がたこではないと気づきました。

たこはしっかりした歯ごたえゆえに、必然的に口に入っている時間が長くなり、たこと一緒に口にする食材まで長く味わえるといううれしい相乗作用もあります。

このたこ独特の歯ごたえは、縦横に密に走る細かい筋繊維が生み出しています。あまり泳がずに地をはい、足の筋肉をおもに使って生活しているのが要因と言えます。

ちなみに、たこはコレステロールを下げる働きをもつタウリンを特に多く含む食材です。

歯ごたえがないなら、たこ焼きよりいか焼き？

たこは、いかと比べると味は濃くありませんが、歯ごたえは勝っています。そこで、歯ごたえをなくしたたこ、いか、ほたて、エビを使った「たこ焼き」を作り、どれが一番おいしいのか、味の食べ比べの実験をしてみました。
結果は、1位がいかでたこは2位に。やはり、たこの魅力は歯ごたえだったのです。

玉ねぎは切ってから15分おくと血液サラサラ効果が増す

玉ねぎ

玉ねぎは水にさらすと血液サラサラ効果がなくなる

炒めると甘くておいしい玉ねぎも、生のままだと辛くて食べるのは大変。でも、生の玉ねぎには血液サラサラ効果があります。その秘密は、玉ねぎを切ると細胞が壊れて働き始める酵素。この酵素が辛みのもとと反応して辛み味成分を作り、さらに変化して血液サラサラ物質になるのです。切ってすぐに加熱したり、切った玉ねぎを水にさらすと、酵素の働きが抑制されてしまい、サラサラ効果は失われてしまいます。

ポイントは、玉ねぎは切ってから15分ほどおくこと。酵素がよく働いて血液サラサラ効果を高めます。じつはこの物質、一度生成されると熱に強くなるので加熱してもＯＫ。

血液サラサラ効果をアップさせたい場合は、細胞を壊して酵素が発生しやすいように、極力薄めにスライスするか、細かく刻むとよいでしょう。日ごろよく食べる玉ねぎだからこそ、血液サラサラ効果を上手に生かしましょう。

「玉ねぎ万能ドレッシング」の作り方

番組で紹介された途端、問い合わせが殺到したという伝説のドレッシング。肉じゃがや親子丼など料理の材料に玉ねぎがあったときにも代用すれば、体にもよく新しい味が楽しめますよ。

【材料】 玉ねぎ2個／A［砂糖大さじ3、塩小さじ2、酢・サラダ油各3/4カップ、みりん・酒・しょうゆ各1/2カップ］

※濃いと感じる場合は、しょうゆの量で調整してください。

※お酒の苦手な人は、必ず煮切って使いましょう。

【作り方】

1. 玉ねぎは縦4つに切り、スライサーで繊維を断ち切るようにできるだけ薄くスライスして15分おく。
2. よく洗って乾かした口の広いビンに、あらかじめ合わせておいたAと**1**を入れてふたをし、よく振る。
3. ひと晩おけばできあがり。冷蔵庫で約1週間保存できる。

ガッテンの知恵 41

チーズは、カルシウムの吸収率をグ～ンとアップしてくれる

カルシウムを吸収する力が優れているチーズ

チーズには、日本人に不足しがちと言われるカルシウムが豊富に含まれています。しかも、人間の体に吸収されやすい形のカルシウムである点が特徴です。その理由は、チーズに含まれているカゼインというたんぱく質にありました。

このカゼインが小腸で消化される際、一部はCPP（カゼインホスホペプチド）という物質に変わります。このCPPが腸内でカルシウムと結びつき、体内に吸収されやすい形にしてくれるのです。

さらに驚いたことに、チーズのCPPはほかの食品のカルシウムの吸収率も上げてくれるのです。つまり、チーズと一緒に小魚や小松菜などカルシウムを多く含む食品を食べることで、本来吸収しにくいカルシウムを効率よく摂取できるというわけです。カルシウム＝チーズとの認識は薄いかもしれませんが、カルシウム不足が気になる人は、ぜひ料理にチーズを加えてみましょう。

ナチュラルチーズとプロセスチーズの違い

●ナチュラルチーズ

牛乳ややぎ乳を乳酸発酵させて、水分を抜き、酵素などの働きで固めたもの。
乳酸菌などの微生物が生き続け、時間がたつにつれて熟成が進み、味や香りが変化する、いわば「生きているチーズ」。

●プロセスチーズ

１種類、あるいはそれ以上の種類のナチュラルチーズを原料に、それらを加熱溶解し、固めて作るチーズ。
加熱によって乳酸菌などは死んでしまうため、それ以上熟成は進まない反面、保存性が高く、長期間変わらない味が楽しめる。

ガッテンの知恵 42

チャーハンを作るときは卵を入れた8秒後にご飯を入れるべし

チャーハン

卵の乳化作用が絶品チャーハンを作るポイント

おいしいチャーハンを作るカギは、卵の持つ「乳化」という働きが握っていました。卵に含まれるたんぱく質がご飯の水分と油をつなぎ合わせ、ご飯をふっくら取り囲んでいるため、チャーハンはふっくらパラパラに仕上がるのです。

最も重要なのは、溶き卵を加熱してからご飯を入れるまでの時間。卵を入れた8秒後にご飯を入れること。このタイミングが10秒遅れるだけで、卵のたんぱく質が変性して乳化の働きを失い、チャーハンはパラパラになりません。

トータルで炒める時間は約1分半。鍋は十分に予熱して強火で炒め、調味料、具は最後に入れます。分量が多いと混ぜるのに手間取るうえ、調理温度も下がってしまうので、1回の調理の目安は2人分までです。冷えご飯だと加熱温度が50℃も低くなり、調理時間も長くなるので温かいご飯を使いましょう。

一連の作業を素早く行うためにも大切なのが下準備。すべての材料を手の届くところに置いてからスタートしてください。

ふっくらパラパラチャーハンの作り方

※材料の分量は1人分です。

1. 材料をそろえておく。フライパン（フッ素樹脂加工のものはダメ）を強火で1分、煙が出てくるまで予熱する。
2. **1分後**　油を大さじ2杯程度入れる。
3. **1分10秒後**　溶き卵（M1個分）を鍋に広げる。
4. **1分18秒後**　温かいご飯（茶碗1杯分）を入れて、卵とご飯が混ざるようによく炒める。
5. **2分10秒後**　具を入れる。
6. **2分20秒後**　塩・こしょう（各少々）を入れる。
7. **2分40秒後**　しょうゆを鍋肌にたらす。

中華鍋は野菜や乾めんをゆでるのにも最適！

中華鍋

炒める以外にもいろいろ使える中華鍋の魅力

中華鍋で作る料理がおいしく仕上がる秘密は、鉄という素材にありました。鉄には、炎の当たる部分の温度を集中的に上げ、かつ熱をためやすい性質があります。しっかり予熱すれば家庭用のコンロでも十分な高温を得られます。つまり、炎を無駄にしない、熱効率の高い鍋が鉄というわけ。

中華鍋は、「ゆでる」「煮詰める」「焼く」「香りが立つ」調理法が得意ですが、その中でもとくに注目したいのが「ゆでる」活用術。あの独特の形が、めんをゆでるときに吹きこぼれにくくさせています。

吹きこぼれは、めんから出たでんぷんが泡をこわれにくくして、水面をふたのように覆ってしまうことで起こります。ところが、中華鍋は丸底で口が広いために沸き上がる力が分散し、泡がふたにならないので、吹きこぼれにくいのです。中華鍋は炒めるだけでなく、野菜や乾めんなどをゆでるときにも使える万能鍋です。

新品の中華鍋のおろし方

1. 新品の中華鍋を火にかけ、鍋に塗られているサビ止めを焼きます。煙が上がったあとも鍋肌が青光りするまで焼き続けましょう。
2. 自然に冷ましたあと、スポンジを使って洗剤で丁寧に洗います。
3. 高温で熱した油でクズ野菜を炒めます（ならし炒め）。

コゲついた中華鍋の再生法

1. 鍋についている油をきれいにふき取ってから強火で空焼きし、煙が出なくなるまで焼きます。
2. 冷めるのを待ち、布ヤスリ（200番前後）で力強くこすります。赤サビが出てきても気にせずこすり取りましょう。
3. 磨き粉で徹底的に洗ったら、新品のおろし方の手順を行います。

衣はこねずに 5℃をキープする！ これが サクサク天ぷらのコツ

天ぷら

ベタつかない天ぷらは低温＆スピードが必要

天ぷら作りの第一歩は、小麦粉のたんぱく質が結合して生成される物質、グルテンの性質を知ること。ベチャッとした天ぷらの犯人はこのグルテンです。グルテンは、水を吸い込みこねることで粘りが増し、温度が高いほど成長が早まります。

名人の衣は、揚げる寸前でも5℃という低温。家庭で作る場合も、衣の材料となる卵、粉、水を事前によく冷やして、衣の温度を上げないよう注意しましょう。手順としては、卵、水、粉の順に入れて太い箸を寝かせるようにして溶きます。粉を加えたら手早く混ぜること。水のようにサラサラでよく、粉が残るくらいで十分です。衣が足りなくなったら、途中で必要なだけ粉を加えます。その際は箸を浮かせて下のほうの衣はかき混ぜないこと。

溶いて30分以上たった粉は、粘りが出やすいので作り直します。グルテンの成長をいかに抑えるかが、おいしい天ぷらのコツです。

カラリと揚がる天ぷらのコツ

ベタつかない天ぷらを作るための3つのコツを紹介していきます。

分量の目安は4人分です。

コツ1　衣の材料になる卵1個、薄力粉200g、水1と1/2カップを事前によく冷やす

衣の材料を冷やして、温度を下げることで、グルテンの発達を防ぐことができます。

コツ2　卵→水→粉の順番で、手早く混ぜてサラサラに

かき混ぜすぎもグルテン発生の原因。最初に卵を冷水で溶き、ふるいにかけた粉を入れ、手早くかき混ぜます。水のようにサラサラした衣でもOK。

コツ3　魚介類は高温で素早く、根菜類は低温でじっくりと揚げる

新鮮な魚介類なら190～200℃で素早く揚げます。いもなどの根菜類は160～170℃でじっくり揚げましょう。

コレステロールが気になるなら木綿、胃が気になるなら絹ごしを選ぶ

豆腐

日本の代表的な健康食品、豆腐を上手に食べ分けよう

豆腐には私たちの健康に必要な栄養素がたっぷりと詰まっています。例えば、整腸作用を促す食物繊維やオリゴ糖、骨を強くするカルシウム、コレステロールを減らすたんぱく質やレシチンなどです。

これらの栄養素を木綿と絹ごしで見た場合、どちらにも同じような健康効果があり、栄養分に極端な違いはありません。

ただ、あえて特徴を記すと、水分を抜いた固形成分の多い木綿は、絹ごしよりたんぱく質やレシチンを多く含んでいます。血管の中にたまったコレステロールを洗い流すとされるレシチンは、たんぱく質と共に摂取されることで効果を高めます。この点を考えれば、木綿はコレステロール値が気になる人に向いていると言えます。

一方、絹ごしは木綿よりも、整腸作用のあるオリゴ糖を多く含んでいます。

食べる量は1日200gが目安。胃に優しく、栄養豊富な豆腐のパワーを毎日の食生活に取り入れてみましょう。

豆腐料理のコツ

●豆腐を煮るときのコツ

豆腐を煮すぎてもかたくならないようにしたいときは、塩や重曹をひとつまみ入れること。

●豆腐を炒めるときのコツ

炒め物に豆腐を使うときは、崩れないようにあらかじめ水抜きしておくこと。また、最初に入れてしまうと豆腐が水や油を吸い込んでまずくなってしまうので、最後に入れましょう。水抜きが面倒なときは、電子レンジで。豆腐を切り、加熱力の強いほうのボタンで、一丁あたり2～3分が目安です（時間は電子レンジのワット数によって異なります）。

トーストは魚焼きグリルで焼くと外はサクサク中はふんわりに

トースト

揚げ物、天ぷら、たい焼きなどの温め直しにも◎

トーストは魚焼きグリルを使って、おいしく焼くことができます。オーブントースターに比べてグリルのほうが、早く焼けて外はこんがり、中はしっとり。

その秘密は強い遠赤外線。表面が素早く焼ける分、短時間で焦げ目がつき、乾燥する時間も少ないためにパサパサになりにくいのです。

気になるのは、グリルについている魚のにおいですが、食パンから発生する蒸気の流れが、食パンの中に浸透しようとする空気の流れを防いでくれるので、においがつく心配はありません。ただし、火を止めたあとは、この蒸気の流れはなくなってしまうので、すぐにグリルから出すようにしましょう。

さらに、温め直しも電子レンジよりグリル。外側がパリッとなります。揚げ物、天ぷらに加え、焼きそばやチャーハン、たい焼き、カレーパンなども同様に、グリルで1分ほど温め直せばおいしくなりますが、火力が強いので焦げないようにご注意を。なかでも揚げ物の場合は、衣に着火する危険もあるので、ぐれぐれも目を離さないようにしてください。

魚焼きグリルの王道「あじの塩焼き」の鉄則

万能調理器、魚焼きグリルを使って炭火焼きみたいにおいしくなる、あじの塩焼きの鉄則をお教えいたします！

●**あじの塩焼きの鉄則（片面焼きグリルの場合）**

予熱を5分→表7分（～8分）→裏5分（～6分）

※**そのほかの鉄則**

●あじは、標準的な大きさのもの（体調25cm、180～200g）を。内臓は取らず、表面に切れ目を入れなくても、ちゃんと焼き上がる。

●塩は焼く直前にふること。

●1匹の場合、グリルの真ん中でなく端に置くこと。

トマトのおいしさを見分けるには、真水に浮かべれば一目瞭然

トマト

おいしいトマトの条件は糖度、酸味、グルタミン酸の量にあり！

トマトは、食べなくてもおいしさを見分ける方法があります。その方法とは、真水に浮かべるだけ。底に沈めば味の濃いトマト、水面に浮かべば味の薄いトマトです。

おいしいトマトの条件は、糖度、酸味、グルタミン酸の量。この量が多ければ水に沈みます。店頭で「完熟トマト」と銘打ってあっても沈まないことがあったり、同じ店の同じ品種でも浮くものと沈むものがあったりと、見た目で判断するのは難しいところです。なるべく味の濃いトマトを買いたい人は、丸くてずっしり重いトマトを選べば外れは少ないでしょう。

また、せっかく買ったトマトが水に沈まなくても、加熱調理すればおいしく食べることができます。油を使えばリコピンなど栄養素の吸収が高まり、糖分やグルタミン酸はさらに凝縮されて、うまみが増します。リコピンは活性酸素の攻撃から細胞を守ってくれます。

味の濃いおいしいトマトを見極めて、賢く調理に生かしましょう。

どの調理がリコピンをより多くとれる？

トマトに含まれるリコピンは、細胞を傷つける活性酸素の発生を抑える働きがあります。では、どんな食べ方をすれば最もリコピンを吸収できるのか、実験してみました。

生のトマト、トマトの煮込み、トマト炒めの3種類を3つのグループに1種類ずつ食べてもらい、6時間後の血中リコピン量を測定します。その結果、トマト炒め、トマトの煮込み、生のトマトの順でリコピン量が多くなっていました。

ガッテンの知恵 48

鶏肉は水からゆでるとうまみが減る

鶏肉のうまみが壊れる温度帯は、55℃以下

鶏肉を煮る場合、水から煮るとイノシン酸分解酵素が活性化します。これは温度が高まるほどにうまみ成分イノシン酸を活発に分解してしまう厄介な酵素。ただ55℃を超えると、この分解酵素は壊れます。つまり、水から煮ると、イノシン酸が分解される時間が長くなり、せっかくのうまみも減ってしまうのです。

鍋などで鶏肉を最もおいしい状態で食べるためには、沸騰したところに鶏肉を入れて、四角い切り口が丸みを帯びたときに引き上げるとよいでしょう。これを逃してしまうと、鶏肉は収縮し、再び四角くなります。

鶏ガラなど、骨を含む鶏肉でだしをとる場合は、水から煮たほうがよいでしょう。骨に含まれるコラーゲンなどのエキスは水に溶けにくく、時間をかけて煮出すためには水からがよいのです。鶏肉のうまみを100％堪能するためには、目的によって扱い方に気をつかいましょう。

鶏肉の食べ頃の見極めに、小野アナが挑戦！

煮た鶏肉をいつ引き上げるべきか、鶏の達人と小野アナが挑戦しました。ルールは鍋の前で鶏肉を観察しながら食べ頃と判断したら旗を上げます。
達人が3分20秒すぎに旗を上げたのに対し、小野アナは、その2分後にようやく旗を上げました。それぞれの鶏肉を試食したところ、達人の鶏肉はジューシーでしたが、小野アナの鶏肉はかたくてぼそぼそしていました。

達人は鶏肉が丸みを帯びたときに旗を。

一方の小野アナは食べ頃をすぎて四角くやせ細ってしまったときに旗を。

ガッテンの知恵 49

なす料理の秘けつは事前にレンジ加熱すること

なす

なすのおいしさは吸収力の高さ。でも、油も吸収しすぎるので注意

なすの長所は、その抜群の吸収力にあります。細胞と細胞の間がスカスカですき間だらけのため、ほかの食材や調味料のおいしさや栄養を素早く吸収できるのです。

とはいえ、吸収力が高いということは、炒め物などで油を使うとどんどん吸収してしまうため、油をつぎ足してしまいがち。

そこで、あらかじめ電子レンジで加熱処理しておけば、油のとりすぎを防ぐことができます。ただし、電子レンジにそのまま入れてはダメ。皮が破けて中身が出てしまうこともあるので、ヘタとハナツキは必ず切ってから入れましょう。

なすは、加熱によって身が引き締まり、内部の空気が外に押し出されます。まるでスポンジをしぼって放したあとのように吸収力がアップするので、ほかの食材のうまみをたっぷり吸収してくれます。また、加熱するとグルタミン酸といううまみも生まれます。焼きなすがおいしいのはちゃんとしたワケがあったんですね。

なすは、低温と乾燥に弱いので、そのまま冷蔵庫に入れてしまうと鮮度が悪くなってしまいます。できれば、ポリ袋に入れてさらに発砲スチロールに入れて冷蔵庫に入れましょう。こうすれば1週間近くもちます。

油は吸ってもだし汁は吸わない？

なすは油を吸収しやすい性質がありますが、だし汁も同じように吸収しやすいのか調べてみました。まず、生のなすをだし汁に5分つけたところ、油であれば十分に吸い込んでしまうのに、まったく吸収されませんでした。そこで、なすをゆでて吸収具合を調べたところ、加熱時間が長いほど、だし汁を吸収することがわかりました。

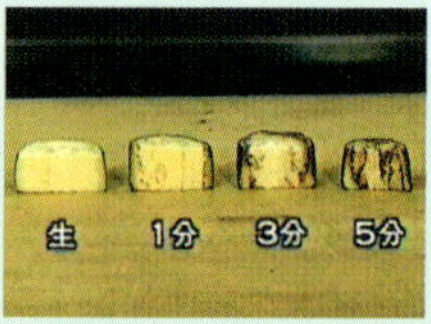

5分間ゆでたなすは他のものよりもだし汁を多く吸収していました。

ガッテンの知恵 50

納豆は400回以上混ぜるとおいしくなる

納豆

400回以上かき混ぜれば、納豆の新しいおいしさに出会える

納豆と聞いてまず思い浮かぶのはあのネバネバ。しかし、驚いたことにネバネバ成分は納豆のうまみとは関係がありません。

この成分は、グルタミン酸がたくさんつながったポリグルタミン酸とフラクタンという物質が絡み合ったものです。豆自体はうまみ成分のグルタミン酸をたっぷり含んでいるのに対し、ネバネバに含まれるうまみ成分はごく少量。しかし、美食家で有名な北大路魯《ろ》山人《さんじん》が、このネバネバをおいしくする方法を著書の中で紹介していたのです。

その方法とは、納豆の糸が切れ、白っぽくなるまで300回ほどかき混ぜてから、しょうゆを少しずつ加えてさらに混ぜ、合計400回以上混ぜたら薬味のからしとねぎを加える……というものです。

これだけ混ぜると、ポリグルタミン酸のつながりが一部切れて、グルタミン酸に変化し、豆の中のグルタミン酸も引き出されてよりおいしくなるというわけ。400回以上混ぜるとなるとかなり大変ですが、時間があるときにでも一度ためしてみては。

納豆＋薬味の組み合わせは口臭の原因？

においを人の鼻のように感じることができる「におい判定器」を使い、納豆のにおいを調べてみました。
まず納豆だけを測定してみたところ、案の定「不快」という結果。
そこで、薬味を加えた納豆を測定したところ、意外にも香りの質はいっそう悪くなってしまいました……。

ところが驚くべきことに、薬味を加えた納豆を食べたあとの口臭を測定したところ、「快適」と判定されたのです。

肉じゃがの煮崩れ具合は煮込みの温度で変えられる

肉じゃが

熱湯で煮込むか、水から煮込むかでじゃがいもの煮崩れは変わる

「肉じゃが」は、人気のある家庭料理のひとつですが、煮崩れていたほうが好きな人や逆にそうでない人など、人によって好みがバラバラ。そこで、煮崩れが自由自在に操れる作り方のコツを紹介します。

じゃがいもは、60～70℃付近の温度帯だと、酵素の働きによって細胞と細胞の間にあるペクチンが変化して細胞間の結合を強めます。煮崩れを防ぐには、この性質を利用し、弱火にして汁の温度を60～70℃に保ち、10分ほど煮込めばいいわけです。

逆に煮崩れさせたい場合は、60～70℃の温度帯を少なくすればいいわけ。煮汁は始めから熱湯で、だし汁も沸騰させてから使います。煮崩れ加減が足りない場合は、じゃがいもを細かく切って足すとよいでしょう。細かいじゃがいもが煮汁に溶けて煮崩れ状態に近づきます。

一般的に煮崩れしにくいのがメークイン、煮崩れしやすいのは男爵と言われていますが、そうでないこともあります。そこで、煮崩れしやすいじゃがいもを判別するには、水1リットルに塩120ｇ入れた塩水を作り、そこにじゃがいもを入れてみましょう。沈むじゃがいもはでんぷんが多いため煮崩れしやすく、浮くものはその逆で煮崩れしにくいということになります。

加熱と保温、どっちのほうが味がしみ込む？

同じ分量のしょうゆを入れた2つの鍋にじゃがいもを入れ、加熱していきます。8分後、一方の鍋の火を止め、新聞紙とタオルで10分保温し、もう一方の鍋は、そのまま10分間弱火で加熱し続けました。
その結果、中まで味がしみ込んだのは、保温しながらゆっくり冷ました鍋のほうでした。

加熱し続けたじゃがいもは、外側に味がついているだけでした。

ガッテンの知恵 52

にんにくは切ってから10分おき、低温で加熱するとがん予防効果が増す

にんにく

スタミナ食材の代表、にんにくにはがんを予防する成分がたっぷり

にんにくに含まれるがん予防効果の高い成分は、「スルフィド類」「アホエン」「S―アリルシステイン」の3つ。これらの成分は調理して初めて生成されます。生のにんにくを切ったり、すりおろしたりすると、アリインという成分が酵素と反応して、がん予防成分のもと、アリシンを作ります。アリシンは、切り始めてすぐに生成され、10分ほどおくとさらに酵素反応が進みます。

スルフィド類は、このアリシンを加熱調理することで生成されます。脂溶性なので、油と一緒に調理し、かつ低温（100℃前後）で加熱するのがポイント。アホエンも基本的に生成法はスルフィド類と同様です。

対するS―アリルシステインは水溶性。長時間アルコール類に漬け込むことによってより多く作られます。

3つのがん予防成分の中では、アホエンが抗酸化作用が強い物質として最近注目を集めています。ただし、にんにくを食べたからといってがんが治るわけではありません。

がん予防成分たっぷりの「にんにく焼酎漬け」レシピ

【材料と準備するもの】

にんにく300g

甲類焼酎（35度）700ml　※ホワイトリカーなど果実酒用1リットルの容器

【作り方】

1. にんにくは1片ずつに分け、薄皮をむき根元をとり、洗って水けをとる。
2. 焼酎を入れた容器ににんにくを入れ、暗所の涼しい場所で2～3か月漬け込む 。

※焼酎は飲んだり、料理酒に。にんにくはかつおのたたきなどの薬味や炒め物に使える。

※賞味期限は1年が目安。

ぬか漬けは疲労回復に効果的！

ぬか漬け

生野菜やほかの漬物より、ビタミンB_1の量が圧倒的！

ぬか漬けには、野菜のうまみを増やすだけではなく、ビタミンB_1を増やす働きもあります。

塩分を含んだぬか床に漬けられた野菜は、水分を失って細胞がすき間だらけになります。このすき間に、もともとぬかに含まれていたビタミンB_1が入り込むのです。奈良漬やみそ漬け、生で食べた場合と比較しても、その量は断然多くなります。

肉体疲労の回復に欠かせない、大切な栄養素ビタミンB_1を、ぬか漬けで効率的にとってはいかがでしょうか。

ぬか床の作り方

【材料】

米ぬか（生）1kg／精製塩50g／水（いったん沸騰させて冷ましたもの）適量／好みの量のだし昆布

【作り方】

1. 米ぬかと塩をよく混ぜ合わせる。
2. よく混ぜた米ぬかに、あらかじめ沸騰させて冷ましておいた水を少しずつ加え、耳たぶくらいのかたさになるよう練る。
3. 2を漬物用の入れ物に移し、うまみを出すための昆布を入れます。これでぬか床のもとは完了。
4. きゅうりなどの野菜を漬ける。

ぬか床のにおい対策

●産膜酵母を退治する

イヤなにおいのもとである産膜酵母は塩分を嫌うので、ぬか床に塩を加えて上から下へよく混ぜ合わせましょう。野菜の水分で塩分濃度が下がるので、5%を目安に塩分を補いましょう。産膜酵母が増えてしまった場合は、ぬか床の上部を捨ててください。

●香りをつける

ぬか床そのもののにおいが気になる人は、サンショウの実を加えるとよいでしょう。にんにく、しょうが、タカノツメなども効果的。

●雑菌の繁殖を防ぐ

ぬか床を冷蔵庫に保存することで、ぬか床の表面を低温に保ち、雑菌の繁殖を防ぐことができます。

ねぎは切れば切るほどうまみが減る

ねぎ

白ねぎは丸ごと加熱するとうまみが逃げない

ねぎに含まれているアミノ酸（＝硫化アミノ酸）は、調理によって消えたり減ったりするという特有の性質があり、切れば切るほどうまみが減ってしまいます。

生のねぎを切ると、壊れたねぎの組織から酵素が出てきます。これがアミノ酸に触れると、アミノ酸を辛み成分に変化させ、うまみを減らしてしまうのです。生のねぎを噛《か》んだときに感じる辛みも同様で、歯で組織を壊して酵素を出していたのです。

そんなねぎの嫌な辛みは、加熱によって酵素の働きを消すことで解消できます。うれしいことに加熱後に切ってもねぎのアミノ酸は辛みに変化しません。

白ねぎであれば丸ごと加熱がおすすめ。家庭で調理する場合は、なるべく長めに切って、魚焼きグリルで焦げ目がしっかりつくまで焼きます。グリルから出したら食べやすい大きさに切り、外側の焦げた葉をむいて食べましょう。こんなに甘くておいしかったのかと驚くはず。

一方、青ねぎは、白ねぎに比べて辛み成分が少ないため、生で食したほうが「ほのかに甘く、ほのかに辛い」という絶妙な風味を楽しむことができます。

切り方でおいしさは変わってしまうの？

白ねぎを幅広く切った筒切りと、細かく切った小口切りをゆでて、どちらがおいしく感じるかを調べたところ、ほとんどの人が筒切りのほうがおいしいと答えました。

100人の方に食べ比べ実験をしてもらいました。

だし汁にうまみが逃げたとも考えられるため、だし汁の飲み比べもしてもらいましたが、結果は変わりませんでした。

白ねぎは切れば切るほどアミノ酸が辛み成分に変わってしまうため、丸ごと加熱してから切り、うまみを逃さないようにしましょう。

ハンバーグの肉は、「牛7対豚3」の割合がベスト

ハンバーグ

肉の絶妙なバランスで、ハンバーグのうまみは倍増

おいしいハンバーグは、ひと噛《か》みすると肉汁がジュワーとあふれだし、口内に肉のうまみが広がります。このうまみを最大限に引き出すために、焼き方はもちろん、ひき肉の素材にもひと工夫しましょう。

ハンバーグの肉には、牛肉と豚肉のどちらが適しているのでしょうか。加熱後の肉の縮み具合を見ると、加熱前の体積を100として牛肉42、豚肉56に変化しました。牛の縮み具合が大きいのは、肉汁が抜け出てしまったことを示しています。しかし、豚肉だけでいいかといえば、ジューシーにはなるものの、うまみでは牛肉のほうが向いているのです。

そこで、おすすめするのが、牛（赤身）7：豚（赤身）3という肉の比率。さらに、パン粉の代わりに麩《ふ》を砕いたものを使うと、よりジューシーでふっくらしたハンバーグに仕上がります。

ガッテン流　ジューシーなハンバーグの作り方

【材料】（4人分）あいびき肉［牛：豚＝7：3］400g／玉ねぎ大1/2個［150g］／パン粉2/3カップ／牛乳60ml／溶き卵1個分／サラダ油大さじ2／ブランデー大さじ1／ナツメグ少々／塩4g／こしょう少々

【作り方】

1. 玉ねぎはみじん切りにし、サラダ油大さじ1で軽く色がつく程度に炒め、室温まで冷ます。パン粉は牛乳に浸しておく。
2. ひき肉に塩を加えて粘りが出るまでよくこねる。
3. 2に溶き卵、1の玉ねぎ、こしょうを順に加えて均一になるように混ぜる。
4. 1のパン粉は牛乳をしぼり、3に加えて均一になるように混ぜてブランデー、ナツメグを加える。
5. 材料を4等分にして、小判形に形作る。
6. フライパンは十分熱してから、サラダ油大さじ1をひき、よくなじませる。5を並べ入れ、強火で両面に焼き目をつけたら弱火にし、3〜5分焼く。

子どもは赤ピーマン、大人は緑ピーマンを食べよう

ピーマン

子どもが苦手な緑ピーマンは無理に食べさせなくてもよい

私たちになじみの深いピーマンといえば緑ピーマンですが、緑ピーマンには、ビタミンCが100gあたり80mgも含まれています。これはオレンジやみかんなどのかんきつ類より高い数値です。

ところが、赤ピーマンに目を移すと、ビタミンCは緑ピーマンの1.8倍、ビタミンEは5.6倍、カロテンに至っては15倍も多いのです。しかも、赤ピーマンは緑ピーマンをそのまま完熟させたものなので、緑ピーマンに比べて糖度が3倍近くあり、子どもが苦手な苦みもありません。つまり、子どもは甘くて栄養価の高い赤ピーマンを食べていれば、無理して緑ピーマンを食べる必要はなかったのです。

一方、子どもに嫌われがちな緑ピーマンの苦みは、大人にとってはなくてはならない味わいのひとつ。しかも、血液サラサラ効果は、緑ピーマンのほうが高いのです。

血液ドロドロが気になりがちな大人は緑ピーマンを、子どもは栄養価が高く苦みのない赤ピーマンを食べればいいというわけです。

緑ピーマンと赤ピーマンの食べ比べ実験

子どもたちに、緑ピーマンと赤ピーマンそれぞれのチンジャオロースーを食べ比べてもらい、どちらのほうがおいしく感じるかを調べてみました。色の先入観をなくすため、被験者には特殊なメガネをかけてもらいます。結果、6人中5人の子どもが、赤ピーマンで作ったほうを選びました。
同じ実験を大人にもしてもらったところ、全員が緑ピーマンのほうが苦みがあっておいしいと答えました。

子どもがおいしいと答えたのは、甘みのある赤ピーマンのほうでした。

ビールをつぐ鉄則。4回に分けて高い位置から細くゆっくりと

ビール

つぎ終わるまでの数分がのどごしの差を生む

「とりあえずビール！」と、よく言われますが、ビールは意外に繊細な飲み物です。とくに泡の扱い方は大切にしたいところ。というのも、泡は心地よいのどごしを生む炭酸が抜けないよう、ふたとなる役割を担っているのです。きめが細かく、できるだけ長もちする泡を作ることが、ビールをおいしく飲むためには欠かせない条件です。

泡が上手に立つようにつぐには、まず、底が丸いグラスで、上がすぼまった形のものを選びましょう。ビールときれいに洗ったグラスは6〜8℃に冷やしておきます。油分がグラスについていると泡の表面張力を弱めることになり、せっかくの泡が消えやすくなるので要注意。

最も重要なつぎ方ですが、「高い位置から細くゆっくり」が基本。そして、4回に分けてつぎ、1回ごとに大きな泡が消えて泡が落ち着くのを待ちます。350ml（缶ビール1本分）入るグラスでつぎ始めからつぎ終わりまで、およそ2分30秒かけるのが理想的なつぎ方です。

つぎ足したビールがおいしくないワケ

ビールの味わいを引き出しているのが、泡や液体の中に含まれている炭酸ガスの刺激。そこで、炭酸ガスが時間がたつにつれてどう変化するのか調べてみました。
特殊な薬を使い、グラスについだ2分後、5分後、10分後、15分後の炭酸ガスの量を測定したところ、5分もたたないうちに、おいしいと感じる炭酸ガスの量を下回ってしまいました。気の抜けたビールにつぎ足しても、おいしさは戻りません。

ガッテンの知恵 58

頭を使うときは バナナやぶどう、 運動前には りんごや梨を食べるといい

フルーツ

果物の糖分は種類によって体への効果が異なる

果物の甘さのもとである糖分には、主にブドウ糖、果糖、ショ糖の3種類がありますが、多く含まれる糖分の種類によって体への働き方が異なります。

例えば、熟したバナナはブドウ糖主体。ブドウ糖は、血糖値をすぐ上げたり、寝ぼけた頭や疲れた脳細胞に素早くエネルギーを送り込んでくれたりします。

果糖の割合が多い梨は、エネルギーのもとになる遊離脂肪酸が多く、脂肪を効率よくエネルギーに変えてくれます。運動時のスタミナ源となりやすい果物といえます。

ブドウ糖主体の果物は、熟したバナナ以外にブドウやキウイ、富有柿、さくらんぼなど。果糖主体の果物には、梨やりんご、いちご、びわなど。ショ糖主体の果物には、オレンジ類や桃、すいかなどがあげられます。

ちなみに、果物は果肉の温度が10℃前後が食べごろ。2、3時間冷蔵庫に入れると、甘さがほどよく引き立ちます。ただし、果物の大きさによって冷える時間は異なるので、さくらんぼなど小さいものは1時間ほど、すいかなど大きなものは8時間くらいを目安にしましょう。

果物のおいしい保存法&冷やし方

●香りを出したい果物は、室温で保存する

冷蔵庫に入れっぱなしにすると香りが出なくなります。ただ、数時間ならば問題ありません。

●トロピカルフルーツは、室温で保存する

冷蔵庫に数時間入れるならいいのですが、それより長い間入れてしまうと低温障害を起こし、黒くなってしまいます。

●固くて未熟なキウイなどは、りんご、バナナ、メロンなどと一緒に袋に入れておくといい

りんごなどが熟するときに出るエチレンガスは自身と周囲の生鮮物の成熟を促します。室温で置いたほうがエチレンガスはたくさん出ると言われています。

フルーツは加熱すると抗酸化力がアップする

フルーツ料理

フルーツを加熱すれば血液サラサラ効果はグンとアップ

フルーツには肉をやわらかくする効果があることはよく知られています。パイナップル、パパイヤ、キウイなどのフルーツに含まれるたんぱく質分解酵素が働くためで、酢豚に入っているパイナップルはまさにその効果を利用したもの。

フルーツを料理に生かした場合、その健康パワーはどうなるのでしょうか。

フルーツに含まれる有機酸（クエン酸など）には、血液サラサラ効果がありますが、うれしいことに、加熱してもその効果は失われず、さらにその力がアップします。また、生のままジューサーで砕いた果物に、抗酸化力が34%しか残らないのに対して、ゆでたものでは41%も残ります。ゆで汁に溶け出た分をプラスすれば、合計で77%も摂取できることになるのです。さらに、フルーツに含まれるビタミンCは、加熱しても90%（ゆで汁分を含む）も残ります。

フルーツの健康パワーは、加熱調理によってさらに引き出されるというワケですね。

梨にも肉をやわらかくする働きがある

韓国料理ではキムチや焼き肉のときに梨を使います。例えば、焼き肉のときは、梨をすり金でおろし、15分ほど肉につけておくと、霜降りのようなやわらかさになるそうです。

番組でも梨を入れた肉とそのままの肉を焼いて、噛《か》み切るときに必要な力を測定したところ、梨を入れた肉のほうが18%もやわらかくなっていました。

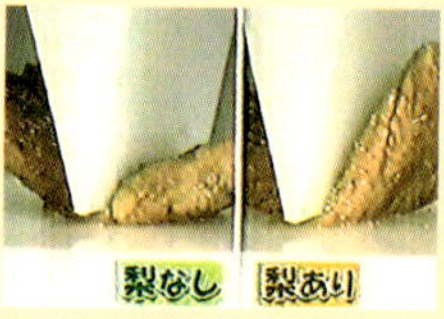

梨に含まれるたんぱく質分解酵素が、筋肉繊維を束ねる筋をぼろぼろにするため、やわらかくなるのです。

干しいたけの
うまみは
生しいたけの10倍

干ししいたけ

「乾燥」「もどし」「加熱」の過程に干ししいたけのうまみの秘密がある

しいたけのうまみ成分、グアニル酸は加熱調理によって生成されます。その際重要な役割を担うのが、細胞内にある「リボ核酸」と「酵素」。この2つが出会って加熱されることで、しいたけのうまみは増加します。

生より干ししいたけのほうがうまみが多くなるのは、リボ核酸と酵素が出会いやすくなる環境が、「しいたけを乾燥する」「干ししいたけを水もどしする」という過程に整えられているからなのです。

干ししいたけをもどす際は低温が鉄則。高温でもどすと、リボ核酸が無駄に消費されてしまいます。また、水につけておく時間が短ければ短いほど、リボ核酸の消費を抑えることができます。

もどす手間がかかるからという理由で、干ししいたけを敬遠していた人は、細かく砕けばもどし時間はたった1時間。「砕く」ことによって、水と接する面積が大きくなるため、水の吸収が格段に速くなるからです。

見栄えが気になるなら、冷蔵庫で1時間水もどしした干ししいたけを包丁でスライスしてから、再び冷蔵庫に入れて30分間水に浸すといいでしょう。

リボ核酸の消費をできるだけ抑えた干ししいたけは加熱によって、生に比べてうまみが10倍にも増します。

小さくしてもどすと、時間は短縮できる？

小さく砕いて水もどしすると、干ししいたけの吸水率がどう変化するのか調べてみました。砕いた干ししいたけは冷蔵庫でもどします。

小さくすれば吸水スピードも大幅アップ！

完全にもどしが終了した時点までの時間を計ったところ、そのままもどしたものが24時間かかるのに対し、小さく砕いたものは、時間を大幅に短縮でき、たった1時間で水もどしできることがわかりました。

ガッテンの知恵 61

マヨネーズは いわば 油っぽくない油

マヨネーズ

マヨネーズの長所と短所をよく理解して使いましょう

マヨネーズは、卵黄、または全卵を使用し、油、酢、塩などを混ぜ合わせて作られる調味料。その成分比率を見ると、およそ70%が油で占められています。しかし、これほど油の多いマヨネーズでも、いざ使ってみると油っぽさを感じることはありません。しかも、野菜の苦みを消してくれるなど、料理にさっぱりとした味わいをプラスしてくれます。

その理由は、酢が油の粒を包み込んでいるから。酢と油、本来は混ざり合わないものですが、マヨネーズに含まれる卵がこの2つを結びつける働きをしているのです。この状態を「乳化」と言います。

油を使用しないノンオイルマヨネーズに、野菜の苦みを消す効果が薄いのも、こうした働きに関係があるようです。ただし、マヨネーズに限らず、脂質の多い食生活を続けていると、高脂血症などの生活習慣病を引き起こす可能性が高くなります。マヨネーズを1日にとる油の量に含めて考えることが大切です。

マヨネーズの食べすぎは油好きになる？

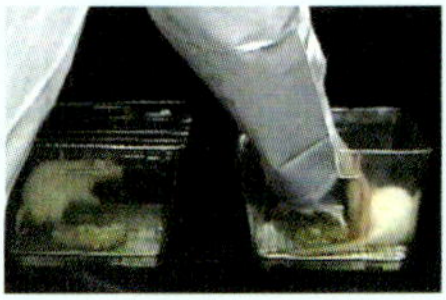

ネズミのエサにマヨネーズを加え、1匹をこのエサだけで育て、もう1匹は普通のエサで育てます。この2匹にもう一方のエサを与えるとどうなるのか？を調べたところ、普通のエサで育ったネズミは、最初、マヨネーズ入りのエサを食べましたが、その後、普通のエサに切り替えました。一方、マヨネーズ入りのエサで育ったネズミは、最初からマヨネーズ入りのエサしか食べませんでした。最後に、油につけたエサと普通のエサで食べた量を比べたところ、マヨネーズ入りのエサで育ったネズミは、油につけたエサをとくに好んで食べました。マヨネーズの食べすぎで、油好きになる可能性があると考えられます。

肉は硬水で野菜は軟水で煮るといい

水道水と硬水の上手な使い分け術

料理の出来映えを左右するのが、水道水（軟水）とミネラルウオーター（硬水）の使い分け。野菜を煮る場合は、軟水だとふっくらやわらかく、硬水ではかたく煮上がる傾向があります。

軟水を使うと野菜がやわらかく煮上がるのは、野菜の細胞膜をつないでいるペクチンが熱によって壊れ、細胞自体が崩れやすくなるためです。対する硬水は、たっぷり含まれるカルシウムがペクチンとペクチンの間をつなぎ止める働きをするため、細胞が崩れにくくなり、かたい仕上がりとなるのです。

ご飯を炊く場合は、つやと粘りが出やすい軟水が向いています。こう書いてしまうと、軟水のメリットばかりのようですが、肉を煮る場合には断然硬水がおすすめです。味を悪くする肉のアクを出してくれるのです。

ちなみに、硬水はおもに海外のミネラルウオーターや深層水などに多く、国産のミネラルウオーターは軟水が多いようです。購入時に表示を確認してみてください。

昆布でだしをとるときに適した水は？

軟水の場合

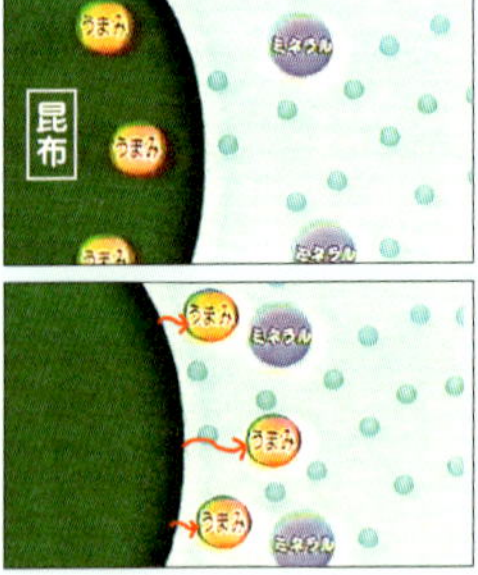

水に含まれるミネラルが少ないため、昆布のうまみが出やすくなり、おいしいだし汁に。

硬水の場合

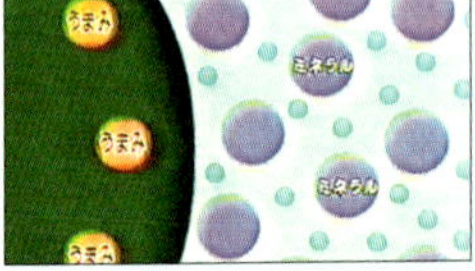

水に含まれるミネラルが多いので、昆布のうまみが外に出にくくなってしまい、うまみがだし汁に溶け込まない。

素材の持ち味を
生かすなら
酒よりもみりん

みりん

素材の臭みを消し、本来の味を引き立てるみりんの秘密

みりんにはオリゴ糖、ブドウ糖、麦芽糖、トレハロースなど、9種類もの糖分が含まれています。みりんが素材の臭みを取り除き、本来の持ち味を引き立てる調味料たる理由は、これらの糖分がもたらします。糖分とアミノ酸が結びつき、臭みを消していたのです。

同じ甘みでも砂糖の糖分はアミノ酸と結合しにくく、仮にみりんの代用品として砂糖と酒を足したとしても、みりんほどの働きはしません。素材の臭みを消し、本来の持ち味を料理に生かしたい場合は、みりんを使ったほうがいいでしょう。

さらに、みりんに含まれるアルコールには、素材の煮崩れを防ぎ、うまみ成分を閉じ込める働きもあります。例えば古米を炊くときに、1合につき小さじ1/2の本みりんを加えると、古米独特のにおいが消え、煮崩れしやすかったご飯粒もしっかり立ちます。ちなみにみりん風調味料にはアルコールが含まれていないため、古米をしっかりさせる効果は期待できません。

みりんといっても、種類は3つ

●本みりん（アルコール度数14%前後）

酒税がかかるため、みりん風調味料よりもやや割高。原材料のもち米の糖分が、そのままみりんの甘みやうまみのもととなっている。

●みりん風調味料（アルコール度数１%未満）

酒税がかからない。調理する際に酒を足すと、本みりんに近い風味が得られる。

●発酵調味料

アルコールが入っていても塩を加えて飲めないようにしているため、酒税がかからない。含まれている塩分量が多いので、調理の際は、塩を控えめに。

もやしをゆでるなら熱湯で1分が原則

もやし

もやしの秘めた実力は、たっぷりのビタミンCと緑豆にはないうまみ

脇役の印象の強いもやしですが、シャキシャキした食感はほかの野菜ではなかなか味わえませんよね。

暗闇で育てられるもやしは、少しでも光を浴びようとして細胞を大きくしっかりと育てます。あの歯ごたえはもやしが生きのびようとする執念が作っているのです。また、種にたくわえられたたんぱく質を自ら分解して芽を伸ばそうとするため、元の緑豆よりもうまみや栄養が断然多く、100gあたりの量ではかないませんが、100円あたりに換算すると、ビタミンCの量はオレンジやいちごよりも多くなります。

もやしを炒めるときは、材料は少なめにし、鍋の予熱は十分にして、サッと炒めること。ゆでる場合は1分で十分。ラーメンなどに添える場合は、スープの熱でもやしが加熱されるため、10秒で上げてもかまいません。とにかく、そのシャキシャキ感を生かすために素早い調理を心がけましょう。

もやしの上手な扱い方

●選び方

葉の部分が開いてなく、茶色く変色していないものを選ぶ。葉が開いていたり、変色していたりするものは鮮度が落ちている証拠。

●ゆで方

お湯をよく沸かして1分ほどでゆでる。ラーメンに添える場合にはスープで加熱がすすむので、10秒ほどゆでればOK。

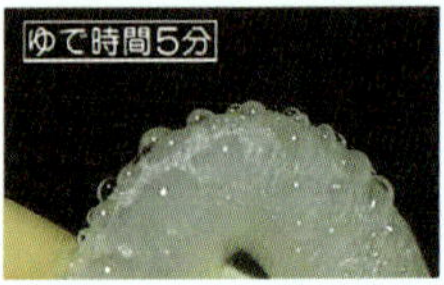

5分もゆでると、写真のようにグニャグニャに。

●保存法

もともと入っていた袋に入れ、密封して冷蔵庫で保存。水につけての保存は、呼吸ができずビタミンCも溶け出てしまうので×。

野菜炒めの鉄則。
鉄のフライパンを使って
予熱は1分20秒
材料は150gまで

野菜炒め

家庭用コンロでもプロ顔負けの野菜炒めが作れる

シャキッと歯ごたえある野菜炒めを作りたいなら、フライパンは鉄がベスト。

野菜の中に水分を閉じ込め、短時間で素早く材料に火を通すことがおいしい野菜炒めを作る条件なので、じっくり1分20秒ほど予熱し、煙が出てくるタイミングで油を入れます。温度を下げないためにも材料はやや少な目、150gが目安です。炒める時間はもやしは40秒。キャベツは20秒が基本。「えっ！　こんなに短時間で？」と思うくらいで十分です。これを守るだけで仕上がりはまったく違ってきます。

この方法で炒めたもやしの断面は、ひとつひとつの細胞の形が整って、中の水分が保たれていました。当然歯ごたえはシャキシャキ。

炒めすぎると、細胞の形がぐちゃぐちゃに壊れて、水分が抜け出てしまいます。ただし、予熱時間と炒め時間は、火力やフライパンの厚さや大小に応じて多少変わるので、上記を目安にプロ顔負けの野菜炒めに挑戦してみてください。

フッ素樹脂加工のフライパンでのおいしい野菜炒めの作り方

中国料理の達人に特別に教えてもらった方法です。

【作り方】

1. 予熱は短く30秒。
2. 油をひいて野菜を15秒間炒めてから、沸騰したお湯を注ぎ、50秒ほど湯通しする。
3. ざるにあけてお湯を切り、強火でフライパンに残った水分を蒸発させる。
4. 油を入れて、野菜を戻して調味し、20秒ほど炒めればできあがり。

ガッテンの知恵 66

「冷蔵庫に入れる」か「かためにゆでる」が、賢い野菜の保存法

野菜保存

正しい保存法さえ知っておけば、野菜は長もちする

野菜は収穫後も呼吸をしています。しかも、人間と同様に、呼吸をするときには栄養分を燃やし、エネルギーに変えていたのです。もちろん、冷蔵庫に保存されている間にも蓄えた栄養分は消費されます。つまり、栄養を失わずおいしさを長もちさせる保存法とは、野菜の呼吸をいかに抑制するかにあるのです。

まず、野菜は冷蔵庫に入れて低温に保つこと。常温保存に比べると野菜の呼吸が抑えられます。野菜保存専用のポリ袋に入れて冷蔵庫に入れましょう。専用の袋がない場合は、通常のポリ袋に入れて口をかたく閉じてから保存します。

さらに、ゆでることで野菜の呼吸を止めて長もちさせる方法もあります。方法は熱湯に塩をひとつまみ入れ、野菜を短時間でゆでること。ゆでたあとはすぐざるにとって熱をとり、水けを切ってから密閉容器に入れて冷蔵庫へ。数日はおいしく食べられます。さらに長く保存したい場合は、適当な大きさに切ってから冷凍庫に入れてください。

おいしさ＆栄養素を閉じ込める！ 野菜のゆで時間＆加熱時間

野菜をゆでて保存する方法だけでなく、電子レンジで加熱して保存する目安時間も紹介します。

【ゆで時間の目安】
塩をひとつまみ入れた熱湯でゆで、熱がとれてから水けを切って要冷蔵
※刻んでから冷凍庫で凍らせると約1か月保存可能です。

- **ほうれん草、チンゲン菜、小松菜**→切らずにそのまま10秒～15秒
- **ブロッコリー、アスパラガス、キャベツ、白菜**→20秒～40秒
- **大根**→2cm厚さの輪切り1/2本で15分
- **じゃがいも**→10分

【レンジ加熱時間の目安】 加熱後は完全に冷ましてから要冷蔵

- **かぼちゃ**→6分加熱　●**にんじん**→6分加熱
- **ごぼう**→4分加熱

ガッテンの知恵 67

夜食は炭水化物と砂糖入りのコーヒーで頭スッキリ

空腹と眠気に効く夜食のとり方とは？

夜遅い時間の食事は、本来朝食を食べたくなくなるなど、1日のリズムを乱しがちです。しかし、受験勉強や仕事の都合などで夜食が必要な人にとって理想的な夜食があります。

それは炭水化物。脳は意外に多くのエネルギーを消費しますが、脳がエネルギー源として利用できるのはブドウ糖だけ。炭水化物は体内に吸収されると、ブドウ糖に変化して、疲労した脳にエネルギーを補給してくれます。

一方で、気になるのが食べると眠くなること。眠気を左右するのは血糖値ですが、この数値が高ければ眠気を感じにくくなります。それならば砂糖が最適だと思うかもしれませんが、砂糖は血糖値を急激に上げる反面、すぐに下げてしまいます。これに対して、炭水化物ではゆっくりと上がり、しばらく持続します。

つまり、眠くならずに疲労回復する夜食は、炭水化物をメインに甘いものを少量プラスしたものがいいでしょう。例えば、うどんを食べたあとに、砂糖入りのコーヒーや紅茶を飲むと理想的と言えます。

寝る直前の夜食はたんぱく質中心に

体の疲労回復には眠っている間に分泌される成長ホルモンが欠かせません。成長ホルモンは就寝後1時間に多く分泌されますが、血糖値が高いとそれを下げるために体が働き、分泌は悪くなります。疲れがたまっているときや寝る直前に食べる場合は、糖質の多いものは控えめに。成長ホルモンの分泌を妨げないたんぱく質中心の軽めの食事がおすすめです。

ガッテンの知恵 68

山いもを加熱すると シャキシャキから ホクホク& サクサクに

山いも

食感自在の魅力を知れば、もっと調理に活用できる

山いもとは、「山のいも」の総称です。一般的に長いも、じねんじょ、いちょういも（関東やまといも）、つくねいも（関西やまといも）を指しています。

山いもは、食物繊維たっぷりで整腸作用があり、主成分のでんぷんは、消化しにくいために、長時間エネルギーとして利用できます。また、血糖値の上昇をゆるやかにするため、糖尿病にも効果的です。とろろや短冊切りにして、生で食べる場合が多いですが、調理次第でさまざまな食感が楽しめるのです。

短冊切りにするとシャキシャキ、すりおろすとネバネバと、同じ生でもずいぶん食感は異なりますが、加熱すると、でんぷんの糊《こ》化《か》が進み、ネバネバは失われていきます。長いもは、生だとシャキシャキですが、60℃になると、サクサク、80℃以上ではホクホクした食感に変化します。すりおろして80℃以上に加熱すると、モチモチ、フワフワの食感です。

このような特性を知っておくと、炒め物や揚げ物にして、さまざまな食感の山いも料理が楽しめます。

調理別・山いもの新食感

- 短冊切りにして生のまま甘く味付けすると→梨の食感
- 揚げてしっかり火を通すと→フライドポテトの食感
- 細切りにしてさっと炒めた半生で甘辛く味付けすると→れんこんのきんぴらの食感
- とろろに海苔を巻いて揚げ、甘辛だれをつけて焼くと→うなぎの食感

みそ汁にヨーグルトを入れるとうまみが1・5倍になる

ヨーグルト

ヨーグルトの健康効果は加熱しても失われない

ヨーグルトは継続して食べると健康効果が得られますが、毎日食べ続けるのはかなり難しいもの。このヨーグルトに意外な活用法がありました。

それは和食の隠し味として使うこと。例えば、みそ汁。味覚センターで調べたところ、ヨーグルトを入れただけでなんとみそ汁のうまみが48％もアップしました。ヨーグルトに含まれる乳酸が、みその成分を分解することで、アミノ酸を増やしたためと考えられています。ヨーグルト（砂糖なしのプレーンタイプ）1に対して、みそ4〜5で作るみそ汁がおすすめです。

ヨーグルトを加熱すると乳酸菌は死んでしまいますが、腸内にある善玉菌の住む環境を整える乳酸や、善玉菌のえさとなる乳酸はそのまま腸に届けられます。そのため、ヨーグルトは加熱しても、整腸効果は十分期待できるのです。

うまみをアップする以外に、肉をやわらかくする効果も！

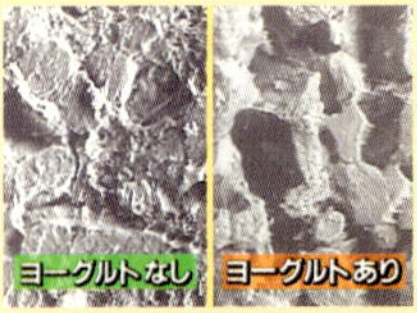

白い部分が筋繊維。ヨーグルトありのほうは筋繊維の密度が薄くすき間（黒い部分）ができています。このすき間に肉汁が入り、ジューシーに。

鶏肉を2時間以上ヨーグルトに漬け込んで作るインド料理「タンドリーチキン」は、ヨーグルトのある効果を利用したもの。ヨーグルトは、筋繊維をぼろぼろにして、すき間をたくさん作り、肉をやわらかくします。そこに、肉汁が入りジューシーになるのです。

タンドリーチキンを作る場合は、皮を除いた鶏肉に香辛料とにんにくをよくすり込んでから、ヨーグルトに2時間以上つけ込み、焼いてください。

ガッテンの知恵 70

肉や魚を煮るときは「さしすせそ」の前にまず、料理酒を入れる

料理酒

最初に料理酒を入れて、うまみを閉じ込める！

魚や肉などのたんぱく質の食材を煮るときは、「最初に酒を入れる」ほうが、味がしみ込みやすくなります。というのも、アルコールがもつ強い浸透性が、魚の内部にまで入り込み、煮汁中の味成分も一緒に浸透させる状況を作るからです。酒のアルコールが蒸発する前に、続けてほかの調味料を入れるのがポイント。調味料のさしすせそ（砂糖、塩、酢、しょうゆ、みそ）を入れる前に酒を入れるので、「さ・さしすせそ」と覚えるとよいでしょう。プロの料理人は、最初に魚を水に入れ、そこにたっぷりの酒と調味料を入れます。火をつけ、あとは、落としぶたをして煮るだけでした。

酒をたっぷり入れて調理するときは、とくに強火の場合、アルコールに火がついて燃えることがありますので、くれぐれもご注意ください。

また、肉料理のときには、ワインがおすすめ。ワインには日本酒にはない酸味が強く、この酸が肉の表面のたんぱく質をかたく変化させます。そのため、焼いたときにたんぱく質の壁ができ、肉汁を中に閉じ込めることができるのです。白ワインよりも赤ワインのほうが肉をよりジューシーに仕上げます。

アルコールが抜けた状態では味はしみ込まない

アルコールありのお酒で煮たほうが、味がしみ込みやすいことがわかりました。

アルコールを蒸発させたお酒と、アルコールを含む普通のお酒でそれぞれ煮たかれいの身にどれくらい味がしみ込んでいるのかを調べてみました。測定するのはしょうゆの塩分。その結果、アルコールありで作ったかれいの煮つけのほうが、1.5倍もしょうゆの塩分がしみ込んでいました。アルコールの強い浸透性によるものと考えられます。

ガッテンの知恵 71

「低温でゆっくりと」が高級茶の入れ方
「高温でさっと」がお買い得茶の入れ方

緑茶　その1

高級茶はテアニンたっぷり。お買い得茶はカテキンがいっぱい

　市販されている「高級茶」と「お買い得茶」。両者の違いは、うまみ成分のテアニンの量にあり、値段はこのテアニンの多さで決まると言えます。

　このテアニンは太陽に当たると、渋み成分のカテキンに変化します。つまり、日当たりがよく、収穫が遅いとテアニンは減り、カテキンが増えるのです。高級茶は日光を遮って育てられるためうまみがたっぷり。一方、お買い得茶は太陽をいっぱい浴びて育つためカテキンが豊富です。この育ち方の違いが値段の差を生んでいます。

　テアニンは低温でたっぷり時間をかければ引き出されるので、高級茶をいれる場合は、40～60℃のお湯で、2分蒸らしていれるのがベスト。一方、お買い得茶はカテキンを高温でさっと出してさわやかな渋みを味わいます。目安は80℃のお湯で、蒸らし時間は30秒です。磁器でできた薄手の湯のみは、玉露や上質の煎茶に用いられるのが一般的ですが、これらのお茶は低めの温度でいれるため、薄くても持つことができるからなのですね。

値段別　お茶の持ち味を引き出す鉄則

※すべて100gあたりの値段です。

リラックス効果

- 1000円～2000円の高級茶
  →50℃のお湯で2分蒸らす
- 1000円のやや高級茶
  →70℃のお湯で1分30秒蒸らす
- 500円のお買い得茶
  →80℃のお湯で30秒蒸らす
- 300円の超お買い得茶
  →90℃のお湯で30秒蒸らす

覚醒効果

運動前に緑茶を飲むとダイエット効果あり！

緑茶　その2

お茶のカフェインは脂肪をエネルギーに変える

今、注目されているのが緑茶のダイエット効果。これは、緑茶に含まれるカフェインの働きによるものです。カフェインには、体に蓄えられた脂肪をエネルギーとして消費されやすい形に変える働きがあります。

ただし、体を動かすことが条件。カフェインによるダイエット効果は、ただ飲むだけでは得られないのです。体内の脂肪がカフェインの働きでエネルギーに変わっても、運動によって消費しない限り、エネルギーは体内に蓄えられたまま燃焼されないからです。

緑茶にダイエット効果を期待するのであれば、飲んでから、体を動かすようにしましょう。

お茶の葉の量の目安

1人分のお茶の葉の量はおよそ2g。カレーを食べるときに用いる大きめのスプーンすりきり1杯がちょうど3g。スプーン2杯で3人分と覚えておくと便利です。

※1人分60mlとして。

ポットのお湯を適温にするには？

保温機能のついたポットのお湯の温度は約90℃です。そのお湯を、触って冷たいと感じるくらいの湯のみに入れると、70℃くらいになります。50℃にしたいときは2回入れ替えましょう。1回の湯ざましで20℃下がる…と覚えておくと便利です。

縦切りのれんこんはホクホクの食感

れんこん

切り方ひとつで、シャキシャキ感がホクホク感に変わってしまう！

れんこんの魅力は、シャキシャキとした歯ごたえというのが一般的。ところが、ちょっとしたコツで、ホクホク、モチモチの食感も味わえることがわかりました。

ホクホクの食感にするポイントは、切り方。輪切りではなく、縦切りにするだけでやわらかくなります。

その秘密は、れんこんを2つに折ると出てくる“糸”にあります。れんこんには空気を通す穴のほかに、水を通す導管があり、この導管を形作っているのがこの糸。導管は生きるために大切な器官だけに、かたくて丈夫です。輪切りのれんこんを食べるとき、この導管を平行に噛《か》むことになりますが、縦切りのれんこんだと、導管を垂直に噛むことになります。垂直に噛むほうが歯にかかる抵抗は少ないので、やわらかく感じるのです。これはストローを縦に押しつぶそうとすると力がいりますが、横にだと簡単に押しつぶすことができるのと同じこと。

さらに、煮物にしたれんこんを天ぷらにすると、モチモチ感が楽しめます。これは煮物にすることで、でんぷんの一部が糊化《こか》し、さらに揚げることによって水分がなくなり粘り気が増すからです。

ホクホクれんこんに酢はいらない？

料理本には、アク抜きのために酢水につける、とよく書かれています。そこで、「酢水につけたれんこん」と「酢水につけていないれんこん」でかたさの違いを調べたところ、「酢水につけたれんこん」のほうが約1.5倍かたくなってしまいました。

たしかに、酢はアク抜きや色止めに効果的ですが、同時に健康効果の高い成分も抜けて、かたくなってしまいます。また、煮物なら色止めをする必要もありません。

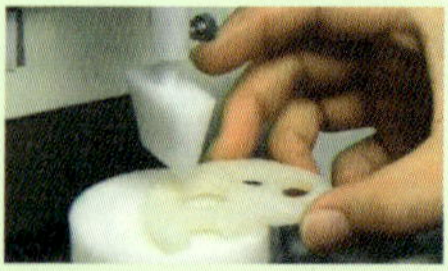

そこで、「ホクホク」にしたいなら酢を使わず、「シャキシャキ」を楽しみたいなら酢を使うなど、使い分けるとよいでしょう。

辛み重視なら
チューブ入りわさび、
香り重視なら
本わさびを

わさび

本わさびの醍醐味《だいごみ》、香りと辛みを引き出す下ろし方

なかなかお目にかかることがない、高級なイメージの強い本わさびですが、丸かじりすると苦みばかりが強く、辛みや香りは感じられません。独特の辛みと香りは、すりおろすときに細胞が壊れ、辛み成分のもとが酵素と触れあうことで発生します。

より強い辛みや香りを求めるなら、わさびは目の細かいさめ皮のおろし器で、円を描くようにおろしましょう。あまり力を入れないほうが、細胞がよく壊れ酵素反応が進みます。辛みはおろして3分後、香りは5分後がもっとも強くなります。揮発性の高い香りや辛みを失わないために、ふたをしてしばらくおきましょう。5分後に食べれば、わさび本来の香りと味わいが口内に広がっていくはずです。

一方、チューブ入りわさびは、辛み成分と西洋わさびなどの繊維を加えて、辛み・舌触りを補強して人工的に作られています。本わさびより辛いため、よりわさびらしさを感じるという人も。これは油が香りや辛みを閉じ込めているから。ただ、さわやかさには若干欠けてしまうので、大根おろしを少々加えると、さわやかな風味になります。

粉わさびを本わさびに近づける裏ワザ

【材料】

粉わさび　30g
水　50g
水けを切った大根おろし　小さじ2
クレソン（みじん切り）　1枝
水けを切ったりんごすりおろし　小さじ1/2

【作り方】

材料をすべて合わせる。
※辛みが消えてきたら、大根おろしの汁を加えましょう。そうすると辛みが戻ります。

本書は、NHK総合テレビ「ためしてガッテン」で放送された内容をもとに構成されたものです。

放送時間●NHK総合テレビ
毎週水曜日よる8：00～8：45

調味料の上手な使い方を知りたい

料理の腕を上げる裏ワザを知りたい

食の知恵袋事典●索引2

体にいい食べ物の知恵を知りたい

食材の上手な保存法を知りたい

おいしい食材の見分け方を知りたい

おいしく食べる（飲む）方法を知りたい

協力者一覧

※協力者のクレジットは、番組放送当時のものです。

●赤みそ
東北大学教授　大久保一良

●朝ご飯
歯科医師　高柳篤史

●浅漬け
漬物研究家　山口絵里

●アロエ
藤田保健衛生大学教授　中野浩

●うどん
冷凍食品メーカー　商品開発部

●うなぎ
東京歯科大学　高柳篤史先生

●えびフライ、フルーツ料理、れんこん
ガス会社　都市生活研究所

●かまぼこ
Wakiya一笑美茶樓　脇屋友詞

●キムチ
料理研究家　蔡淑美

●酒
日本大学医学部　法医学教室

●大豆
分析会社　医科学分析センター
大手しょうゆメーカー

●玉ねぎ
料理研究家　舘野鏡子

●トマト
食品加工メーカー研究所

●鶏肉
料亭　料理長　五味貞介

●納豆
東京工業大学工学部　江原勝夫

●干ししいたけ
聖徳大学教授　菅原龍幸、佐々木弘子

●マヨネーズ
大阪大学教授　山本隆

●ヨーグルト
センサ研究会工学博士　江原勝夫

●料理酒
酒類・調味料メーカー（京都）

●緑茶
日本茶インストラクター協会　繁田和則

NHK ためしてガッテン

テレビ番組制作スタッフ

NHK科学・環境番組部ためしてガッテン班

単行本制作スタッフ

統括編集長 高橋克佳
編集長 新井晋
編集 佐藤晶子、齋藤和佳
構成・編集 Cre-Sea（古村龍也）
文 田淵晃生
ブックデザイン 志田和枝
DTP レミントン社

NHKためしてガッテン
食の知恵袋事典

2005年4月5日　第1版第1刷発行
2005年7月5日　第1版第4刷発行

編　者　NHK科学・環境番組部
　　　　季刊「NHKためしてガッテン」編集班
編集人　日暮哲也
発行人　鈴木憲一
発行所　株式会社**アスコム**
アスキー・コミュニケーションズはアスコムに社名変更しました。

〒102-0083　東京都千代田区麹町5-3　麹町中田ビル
第二編集部　電話03-3239-5375
営業部　電話03-3239-5371
印刷　大日本印刷株式会社

2005 Printed in Japan ISBN4-7762-0237-9